JN308458

チャートでわかる
入門ファイナンス理論

滝川好夫 Takigawa Yoshio

日本評論社

はしがき

1　本書の特色

　本書は、学生・社会人向けのファイナンス理論の実践的入門書です。ファイナンス理論は、大学の経済・経営（商）学部では金融関連の一科目ですが、「ファイナンス理論はたんに経済・経営（商）学部の科目であるにとどまらず、経済・社会生活の中の意思決定のための重要な道具である」と考えています。しかし、数学・統計学が頻繁に出てくることもあって、ファイナンス理論は文系学生・ビジネスパーソンには馴染みにくく、これからますます重要になってくるファイナンス理論をいかに教えればよいのかを、著者は試行錯誤しています。

　著者は、理論、実際の出来事、あるいは問題演習でといったさまざまな工夫をしながらファイナンス理論を教えてきましたが、平成18年度前期、神戸大学経済学部の外書演習（2年生）と演習（3年生、4年生）では、チャート（図表）を配布しながら、視覚的にファイナンス理論を教えました。その際、チャートを用いるファイナンスの学習方法はきわめて有効であると実感し、これが本書を書くことになったきっかけです。

　ファイナンス理論は、財務畑の人間だけが知っていればよい専門知識ではなく、事業に携わっているすべての社会人、これからビジネスパーソンになろうとしているあらゆる学生にとって必須のものです。本書は、ファイナンス理論を84項目にまとめ、1項目ずつを原則見開き2ページで簡潔に説明しています。本書を通じて、「意思決定のための理論と実践」と位置づけられているファイナンス理論をチャートを使って視覚的に理解し、楽しく学んでいただければと思います。

2　本書の構成：ファイナンス理論で何を学ぶか

　ファイナンス理論は「経営技術のOS（オペレーティング・システム）」と

みなされ、米国のビジネス・スクールでは、「インベストメント（投資）の理論」と「コーポレート・ファイナンス（企業財務）の理論」の2つに分かれています。投資の理論は、機関投資家（生命保険や信託銀行）・個人投資家が金融資産への投資をどのように行うべきかを考える理論であり、企業財務の理論は、企業経営者が実物資産への投資をどのように判断すればよいか、どのように資金調達すればよいか、利益をどのように投資家に還元すればよいかを扱う理論です。

　本書第1部では「投資の理論」、第2部では「企業財務の理論」それぞれのエッセンスを包括的に学び、第3部では「デリバティブの理論」を学びます。また、序章「ファイナンス理論の基礎」ではファイナンス理論の基礎概念を、付章「ファイナンス理論のための数学・統計学」ではファイナンス理論を学ぶのに必要最小限の数学と統計学をそれぞれ学びます。

3　ファイナンス理論は何に役立つのか

　ファイナンス理論は、第1に、事業をキャッシュフローという共通のモノサシで見るので、多角化企業の全社戦略を考えるときに、きわめて有効です。第2に、事業をとりまく環境変化が著しいときにキャッシュフローという即応性のあるモノサシで見るので、スピード経営を実践するときに、きわめて有効です。第3に、これまでの日本企業は株主、従業員、取引先企業、顧客などさまざまなステークホルダー（利害関係者）の利益を多面的に考慮する経営を行ってきましたが、企業価値の最大化という1つの最大化目標をめざすときにはキャッシュフローに着目する必要があるので、一般の株主の利益を重視する「株主価値最大化経営」の重要性が広く認識されるようになるときに、きわめて有用です。

　日本評論社の守屋克美氏、鵜田祐一氏には、本書の企図を理解して出版の機会を与えてくださったことを、ここに記して感謝の意を表します。

2006年11月

神戸大学大学院経済学研究科教授　滝川好夫

目次

はしがき ii

序章 ファイナンス理論の基礎

1 将来価値と現在価値 4
2 単利と複利 6
3 キャッシュフロー系列の現在価値の合計：永続価値と年金原価 8
4 キャッシュフローとフリーキャッシュフロー 12
5 キャッシュフロー計算書 14
6 フリーキャッシュフローの算出 16
7 「会計は見解、キャッシュが事実」：製品の開発 18
8 「会計は見解、キャッシュが事実」：製品の増産 20
9 「会計は見解、キャッシュが事実」：生産量の調整 22
10 「会計は見解、キャッシュが事実」：不採算事業からの撤退 24

第1部 投資の理論

第1章 ポートフォリオ理論

11 1つの資産のリターンとリスク：過去の実績あるいはシナリオ生起確率による計算 28
12 期待効用仮説と平均・分散アプローチ 30
13 リスクに対する投資家の選好：効用関数 32
14 リスク回避者・保険プレミアムとリスク愛好者・危険プレミアム 34
15 リターンとリスクに対する投資家の選好：無差別曲線 36
16 ポートフォリオ（資産の組み合わせ）のリターン 38
17 ポートフォリオ（資産の組み合わせ）のリスク 40
18 2つの危険資産の組み合わせのリターンとリスク：2資産の相関係数 42
19 3つ以上の危険資産の組み合わせのリターンとリスク：効率的フロンティア 44
20 安全資産と危険資産の組み合わせのリターンとリスク 46

- 21 1つの安全資産と2つ以上の危険資産の組み合わせ：シャープ・レシオと資本市場線（*CML*） 48
- 22 トービンの「分離定理」 50

第2章　CAPM（資本資産評価モデル）

- 23 CAPMの式の導出 54
- 24 CAPMの意義 58
- 25 ベータ・リスクとリターンの関係：証券市場線（SML） 60

第3章　ファンドのパフォーマンスの評価と効率的市場仮説

- 26 ファンドのパフォーマンスの要因分析：アロケーション要因と銘柄選択要因 64
- 27 効率的市場仮説：新情報に対する株価の反応 66

第4章　債券投資

- 28 債券の種類 70
- 29 国債 72
- 30 債券価格と利回り 74
- 31 債券価格と利回りの関係 76
- 32 債券価格と利回りの関係：クーポン・レートの影響 78
- 33 債券価格と利回りの関係：残存期間の影響 80
- 34 金利の期間構造：イールド・カーブ 82
- 35 スポット・レートとフォワード・レート 84
- 36 デュレーション：利回りの変化に対する債券価格の変化 86
- 37 コンベクシティ：利回りの変化に対する債券価格の変化 88
- 38 信用リスクと信用格付け 90

第5章　株式投資

- 39 株主の権利と株式の種類 94
- 40 株式の取引 96
- 41 株価：日経平均株価とTOPIX（東証株価指数） 98
- 42 株価の決定要因：配当割引モデルによる株式の評価 100
- 43 株式の投資尺度 102

第2部　企業財務の理論

第6章　財務諸表
44　貸借対照表　106
45　損益計算書　108
46　企業の健全性：自己資本比率と負債比率　110
47　企業の収益性：ROA（総資産利益率）とROE（自己資本利益率）　112
48　財務レバレッジの効果：負債比率　114

第7章　資本コスト
49　資本提供の見返り：ハイリスク・ハイリターン、ローリスク・ローリターン　118
50　$WACC$（加重平均資本コスト）　120

第8章　投資決定理論
51　NPV（正味現在価値）ルール　124
52　投資回収期間ルールと内部収益率（IRR）ルール　126

第9章　企業価値
53　公開企業の企業価値　130
54　非公開企業の企業価値　132
55　企業価値の創造　136
56　EVA^{TM}（経済付加価値）とMVA（市場付加価値）　140

第10章　MM（モジリアーニ＝ミラー）理論
57　MM理論の第一命題：資本構成と企業価値　144
58　MM理論の第二命題：資本構成と期待収益率　146

第11章　最適資本構成
59　法人税と資本構成　150
60　最適資本構成：法人税と倒産リスク　152
61　ペッキング・オーダー理論　154

第12章　配当政策

- 62　配当政策と企業価値　158
- 63　自社株取得と企業価値　160

第3部　デリバティブの理論

第13章　デリバティブの基本

- 64　デリバティブ（金融派生商品）の種類　164
- 65　デリバティブ取引の目的とレバレッジ効果　166

第14章　先物取引

- 66　先物取引と先渡し取引　170
- 67　先物取引の損益　172
- 68　先物価格と現物価格の関係：先物の理論価格　174
- 69　先物為替レート　176

第15章　スワップ取引

- 70　金利スワップ　180
- 71　通貨スワップ　182
- 72　スワップの価値　184

第16章　オプション取引

- 73　オプション取引　188
- 74　コール・オプションのペイオフ　190
- 75　プット・オプションのペイオフ　192
- 76　プット・コール・パリティ　194
- 77　オプションの価値：本源的価値と時間価値　196
- 78　オプションの価値の決定要因　198

付章　ファイナンス理論のための数学・統計学

- 79　期待値（リターン）と分散・標準偏差（リスク）　202
- 80　共分散と相関係数　203
- 81　正規分布と標準正規分布　205
- 82　現在価値表　207

83 将来価値表 208
84 年金原価表 209

参考文献 210

チャートでわかる
入門ファイナンス理論

序章　ファイナンス理論の基礎

　『会社四季報』には「キャッシュフロー」項目があり、営業活動、投資活動、財務活動によるキャッシュフロー（年額）がそれぞれ書かれています。キャッシュフローは「純現金収支の増減額」であり、▲はキャッシュの流出、無印はキャッシュの流入をそれぞれ示しています。

　ファイナンス理論は「キャッシュフロー」を基礎にして成立しています。キャッシュフローとは何でしょうか。「キャッシュの流出」「キャッシュの流入」はそれぞれ何を意味するのでしょうか。キャッシュフローを計算して何の役に立つのでしょうか。これらを学ぶことがポイントです。

トヨタ自動車の連結キャッシュフローの状況

	営業活動による キャッシュフロー	投資活動による キャッシュフロー	財務活動による キャッシュフロー	現金および現金 同等物期末残高
	百万円	百万円	百万円	百万円
18年9月中間期	1,570,993	▲1,721,174	470,870	1,906,381
17年9月中間期	1,339,458	▲1,650,783	489,964	1,695,897
18年3月期	2,515,480	▲3,375,500	876,911	1,569,387

1 将来価値と現在価値

　経済価値の足し算、引き算は同じ時点のものでしかできません。つまり、「現在の100円＋現在の100円＝現在の200円」「1年後の100円＋1年後の100円＝1年後の200円」ですが、「現在の100円＋1年後の100円」は、このままでは計算不可能です。これを計算しようと思えば、
① すべての価値を現在時点で評価して：現在価値（PV_0：Present Value）
　現在の100円＋「1年後の100円」の現在価値
② すべての価値を将来時点で評価して：将来価値（FV_t：Future Value）
　「現在の100円」の1年後の価値＋1年後の100円
のどちらかにしなければいけません。

(1) **現在価値から将来価値を求める**：$FV_t = PV_0 \times (1+r)^t$

　100万円を年複利5％で銀行に預金すると、2年後にはいくらになっているのでしょうか。

$$FV_2 = PV_0(1+r)^2 = 100 \times (1+0.05)^2 = 110.25$$ （☞ p.208の「将来価値表」）

　このとき、「現在の100万円と2年後の110.25万円は等価である」と言われます。

(2) **将来価値から現在価値を求める**：$PV_0 = \dfrac{FV_t}{(1+r)^t}$

　2年後に100万円をあげると父から言われました。すぐさま現金が必要であるので、父にいますぐ現金が欲しいと言ったところ、それならば年複利（割引率）5％で計算すると言われました。父は私にいくらくれるのでしょうか。

$$FV_2 = PV_0(1+r)^2 = PV_0(1+0.05)^2 = 100$$

であるので、

$$PV_0 = \dfrac{FV_2}{(1+r)^2} = \dfrac{100}{(1+0.05)^2} \fallingdotseq 90.70$$ （☞ p.207の「現在価値表」）

　このとき、「2年後の100万円と現在の90.70万円は等価である」と言われます。$\dfrac{1}{(1+r)^t}$ は「割引ファクター」と呼ばれています。

(1) 将来価値：$FV_t = PV_0 \times (1+r)^t$

FV_t ＝第 t 年末における将来価値
PV_0 ＝第 0 年末における価値（現在価値：ここでは100）
r ＝年当たりの金利（ここでは 5 ％）
t ＝期間

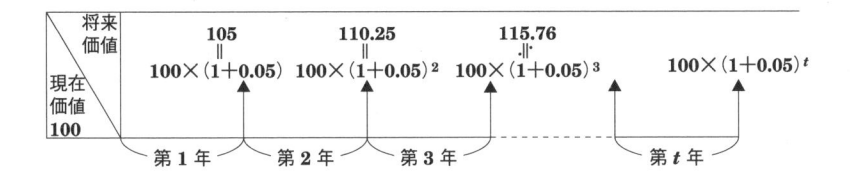

将来価値 / 現在価値 100	105 $=$ $100 \times (1+0.05)$	110.25 $=$ $100 \times (1+0.05)^2$	115.76 $\fallingdotseq$ $100 \times (1+0.05)^3$	$100 \times (1+0.05)^t$
	第 1 年	第 2 年	第 3 年	第 t 年

(2) 現在価値：$PV_0 = \dfrac{FV_t}{(1+r)^t}$

PV_0 ＝第 0 年末における価値（現在価値）
FV_t ＝第 t 年末における将来価値（ここでは100）
r ＝年当たりの割引率（ここでは 5 ％）
t ＝期間

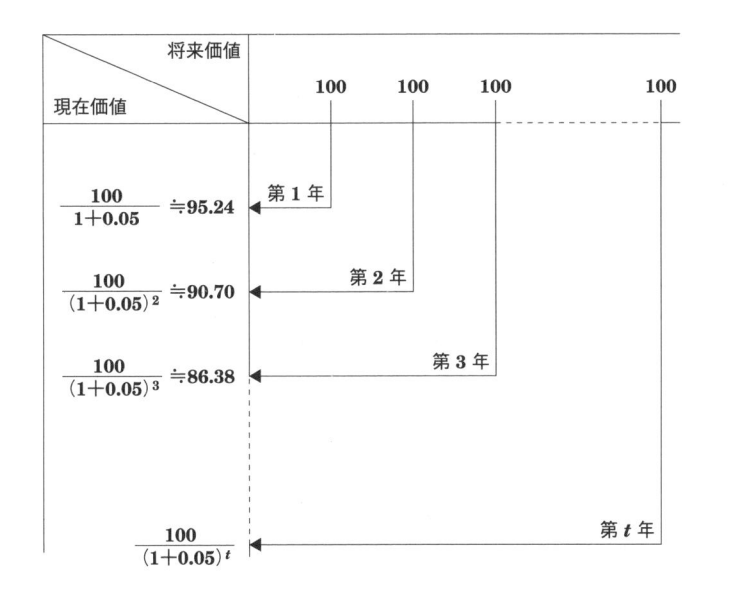

現在価値 ＼ 将来価値	100	100	100	100
$\dfrac{100}{1+0.05} \fallingdotseq 95.24$ ← 第 1 年				
$\dfrac{100}{(1+0.05)^2} \fallingdotseq 90.70$ ← 第 2 年				
$\dfrac{100}{(1+0.05)^3} \fallingdotseq 86.38$ ← 第 3 年				
$\dfrac{100}{(1+0.05)^t}$ ← 第 t 年				

2 単利と複利

金利計算には、単利計算と複利計算があります。元本のみに利息がつくことは「単利」、元本のみならず資金運用期間中に生まれる利息にも利息がつくことは「複利」とそれぞれ呼ばれています。ファイナンスでは、通常、複利計算が用いられています。

(1) 単利計算で現在価値から将来価値を求める：$FV_{1t} = PV_0 \times (1 + tr)$

100万円を年単利5％で銀行に預金すると、2年後にはいくらになっているのでしょうか。

$$FV_{12} = PV_0 \times (1 + 2 \times r) = 100 \times (1 + 2 \times 0.05)$$

$$= \underset{\substack{親 \\ (元本の金利)}}{100} + \underset{子供利息}{100 \times 0.05} + \underset{子供利息}{100 \times 0.05}$$

$$= 100 + 5 + 5 = 110$$

(2) 複利計算で現在価値から将来価値を求める：$FV_{2t} = PV_0 \times (1 + r)^t$

100万円を年複利5％で銀行に預金すると、2年後にはいくらになっているのでしょうか。

$$FV_{22} = PV_0 \times (1 + r)^2 = 100 \times (1 + 0.05)^2$$

$$= (100 + 5) \times (1 + 0.05)$$

$$= \underset{\substack{親 \\ (元本の金利)}}{(100 + 100 \times 0.05)} + \underset{\substack{孫利息 \\ (金利の金利)}}{(5 + 5 \times 0.05)}$$

$$= 105 + 5.25 = 110.25 \quad (☞ \text{p.208の「将来価値表」})$$

【知っておきましょう】　半年複利計算

100万円を半年複利5％で銀行に預金すると、2年後にはいくらになっているのでしょうか。半年複利計算で現在価値から将来価値を求める式は、

$$FV_{2t} = PV_0 \times \left(1 + \frac{r}{2}\right)^{2t}$$

であり、

$$FV_{2t} = 100 \times \left(1 + \frac{0.05}{2}\right)^{2 \times 2} \fallingdotseq 110.38$$

（1） 単利計算：$FV_{1t} = PV_0 \times (1+tr)$

FV_{1t} ＝第 t 年末における、単利計算による将来価値（元利合計）
PV_0 ＝第 0 年末における価値（元本：ここでは100）
r ＝年当たりの金利（ここでは 5 ％）
t ＝期間

```
元利合計
（単利計算）
                    105              110              115
                    ||               ||               ||
              100×(1+0.05)   100×(1+2×0.05)  100×(1+3×0.05)    100×(1+tr)
元本
        ▲                ▲                ▲                          ▲
      100  第1年
      100         第2年
      100                  第3年
      100                                              第 t 年
```

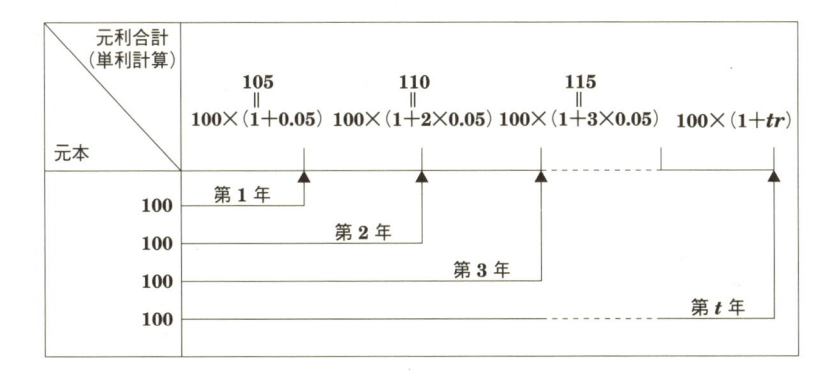

（2） 複利計算：$FV_{2t} = PV_0 \times (1+r)^t$

FV_{2t} ＝第 t 年末における、複利計算による将来価値（元利合計）
PV_0 ＝第 0 年末における価値（元本：ここでは100）
r ＝年当たりの金利（ここでは 5 ％）
t ＝期間

```
元利合計
（複利計算）
                    105            110.25           115.76
                    ||               ||               ||
              100×(1+0.05)   100×(1+0.05)²   100×(1+0.05)³    100×(1+r)ᵗ
元本
        ▲                ▲                ▲                          ▲
      100  第1年
      100         第2年
      100                  第3年
      100                                              第 t 年
```

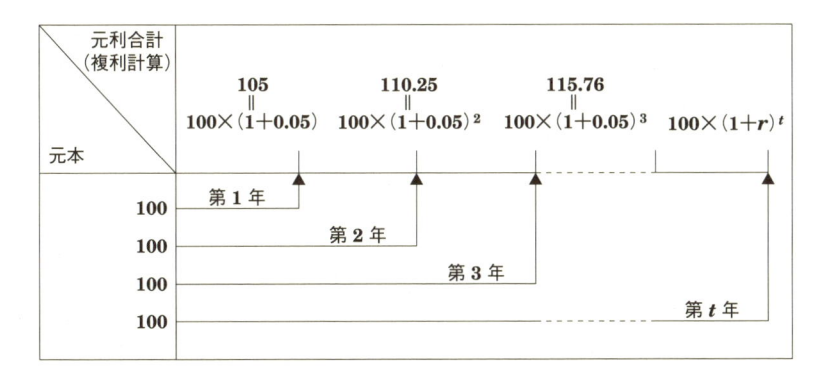

3 キャッシュフロー系列の現在価値の合計：永続価値と年金原価

　キャッシュフロー（CF）の時間にわたる系列の価値を正しく評価するためには、キャッシュフローが発生するであろうタイミングと確実性を考慮する必要があります。キャッシュフローの確実性は割引率（r）で考慮されますが、ここでは、すべてのキャッシュフローの確実性は同一であると仮定し、$r = 5$％で、キャッシュフロー系列の現在価値の合計を求めます。

(1) 　有期限のキャッシュフロー系列：$PV = \sum_{t=1}^{n} \dfrac{CF_t}{(1+r)^t}$

　割引率（複利最終利回り）を5％とします。毎年1回10％のクーポン（利息）を受け取り、3年後に額面金額100万円が償還される利付債券の価格はいくらでしょうか。金融商品の価格は「将来支払われるキャッシュフロー系列の現在価値の合計」です。それは「鶏の価値は生まれてくる卵と鶏肉の現在価値の合計である」のと同じようなものです。すなわち、クーポン額は$100 \times 0.1 = 10$万円であるので、$CF_1 = 10, CF_2 = 10, CF_3 = 10+100 = 110$です。

$$\dfrac{10}{1+0.05} + \dfrac{10}{(1+0.05)^2} + \dfrac{10+100}{(1+0.05)^3} \fallingdotseq 9.524 + 9.070 + 8.638 + 86.384$$
$$= 113.616\text{万円}$$

(2) 　無期限のキャッシュフロー系列：$PV = \sum_{t=1}^{\infty} \dfrac{CF}{(1+r)^t} = \dfrac{CF}{r}$

【知っておきましょう】　無限等比級数の和

　初項 a_1、公比 R の等比数列 a_n において、$-1 < R < 1$ のとき
$$\sum_{n=1}^{\infty} a_n = \dfrac{a_1}{1-R}$$
という公式が成り立ちます。
　この場合、$a_1 = CF$、$R = \dfrac{1}{1+r}$ であり、$r > 0$ なので $-1 < \dfrac{1}{1+r} < 1$ です。そこで、
$$PV = \sum_{t=1}^{\infty} \dfrac{CF}{(1+r)^t} = \dfrac{CF}{1 - \dfrac{1}{1+r}} = \dfrac{CF}{r}$$

　永久に続く一定額のキャッシュフロー（CF）系列の現在価値はとくに「永続価値」と呼ばれています。

(1) 有期限のキャッシュフロー系列の現在価値の合計：$PV = \sum_{t=1}^{n} \dfrac{CF_t}{(1+r)^t}$

PV ＝有期限のキャッシュフロー系列の現在価値の合計
CF_t ＝第 t 年のキャッシュフロー
r ＝年当たりの割引率（ここでは 5 ％）
t ＝期間
n ＝全体の期間（ここでは 3 年）

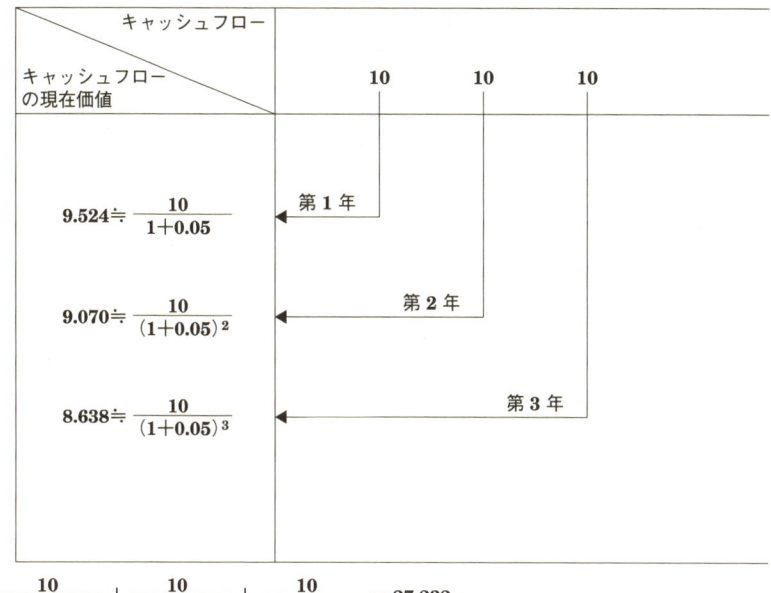

	キャッシュフロー
キャッシュフローの現在価値	

キャッシュフロー：10（第1年）、10（第2年）、10（第3年）

$9.524 ≒ \dfrac{10}{1+0.05}$ ← 第 1 年

$9.070 ≒ \dfrac{10}{(1+0.05)^2}$ ← 第 2 年

$8.638 ≒ \dfrac{10}{(1+0.05)^3}$ ← 第 3 年

$$\dfrac{10}{1+0.05} + \dfrac{10}{(1+0.05)^2} + \dfrac{10}{(1+0.05)^3} = 27.232$$

【知っておきましょう】 成長永続価値

　一定の割合で永久に成長し続けるキャッシュフロー系列の現在価値はとくに「成長永続価値」と呼ばれています。g ＝キャッシュフローの成長率とすると、

$$PV = \dfrac{CF}{1+r} + \dfrac{CF(1+g)}{(1+r)^2} + \cdots\cdots = \dfrac{CF}{r-g}$$

---

(3) 年金原価：$PV = \sum_{t=1}^{n} \dfrac{CF}{(1+r)^t}$

　有期限のキャッシュフロー系列の現在価値（☞ p.209 の「年金原価表」）

$$PV = \sum_{t=1}^{n} \dfrac{CF_t}{(1+r)^t}$$

で、$CF_t = CF$（一定額）としたものです。

（ 2 ）　永続価値： $PV = \sum_{t=1}^{\infty} \dfrac{CF}{(1+r)^t} = \dfrac{CF}{r}$

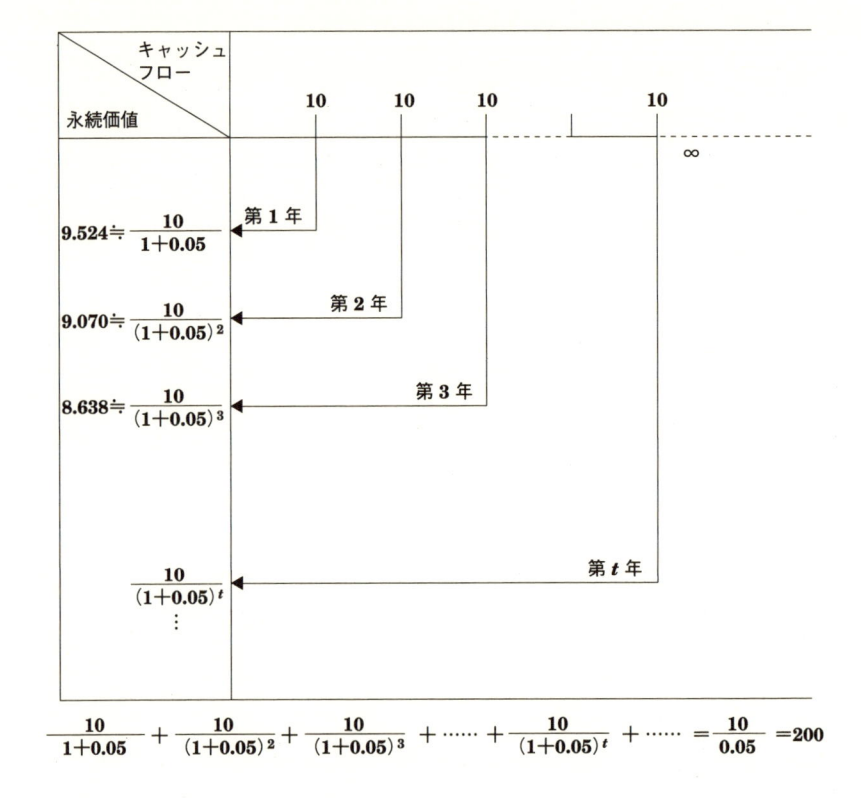

	キャッシュフロー
永続価値	

```
                       10      10      10              10
                                                              ∞
```

$9.524 \fallingdotseq \dfrac{10}{1+0.05}$　←　第 1 年

$9.070 \fallingdotseq \dfrac{10}{(1+0.05)^2}$　←　第 2 年

$8.638 \fallingdotseq \dfrac{10}{(1+0.05)^3}$　←　第 3 年

$\dfrac{10}{(1+0.05)^t}$　←　第 t 年
⋮

$$\dfrac{10}{1+0.05} + \dfrac{10}{(1+0.05)^2} + \dfrac{10}{(1+0.05)^3} + \cdots\cdots + \dfrac{10}{(1+0.05)^t} + \cdots\cdots = \dfrac{10}{0.05} = 200$$

序章 ファイナンス理論の基礎

(3) 年金原価：$PV = \sum_{t=1}^{n} \dfrac{CF}{(1+r)^t} = \sum_{t=1}^{\infty} \dfrac{CF}{(1+r)^t} - \sum_{t=n+1}^{\infty} \dfrac{CF}{(1+r)^t}$

① $\sum_{t=1}^{\infty} \dfrac{CF}{(1+r)^t} = \dfrac{CF}{r}$ 　　　　($t=1\sim\infty$の永続価値)

−） ② $\sum_{t=n+1}^{\infty} \dfrac{CF}{(1+r)^t} = \dfrac{CF}{r} \times \dfrac{1}{(1+r)^t}$ 　　($t=n+1\sim\infty$の永続価値)

③ $\sum_{t=1}^{n} \dfrac{CF}{(1+r)^t} = \dfrac{CF}{r}\left\{1 - \dfrac{1}{(1+r)^t}\right\}$ 　　($t=1\sim n$の年金原価)

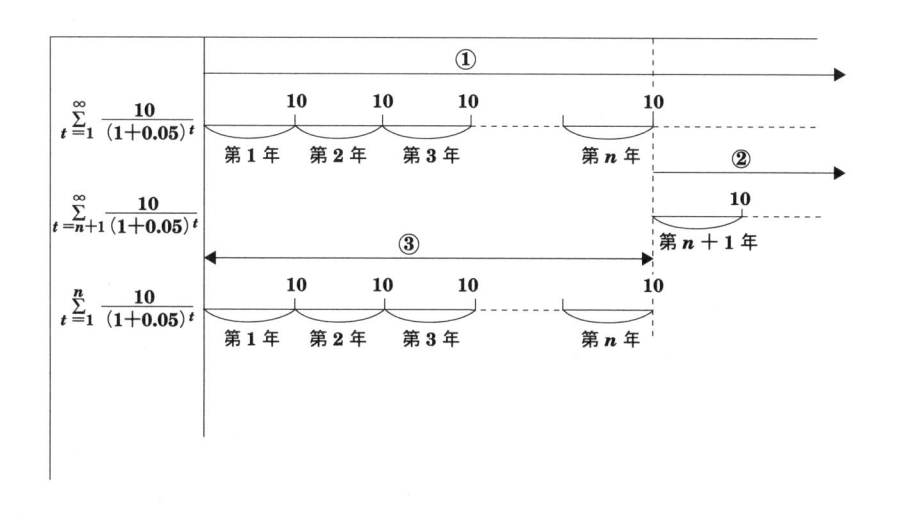

```
                                    ①
$\sum_{t=1}^{\infty}\dfrac{10}{(1+0.05)^t}$    10   10   10       10
                              第1年 第2年 第3年    第n年
                                                          ②
$\sum_{t=n+1}^{\infty}\dfrac{10}{(1+0.05)^t}$                        10
                                                       第n+1年
                                    ③
$\sum_{t=1}^{n}\dfrac{10}{(1+0.05)^t}$    10   10   10       10
                              第1年 第2年 第3年    第n年
```

4 キャッシュフローとフリーキャッシュフロー

キャッシュが入ってくることは"Cash In（キャッシュの増加）"、キャッシュが出て行くことは"Cash Out（キャッシュの減少）"とそれぞれ呼ばれています。企業は事業活動を行うなかで、さまざまなキャッシュの収支を生み出しますが、こうしたキャッシュフローは「調達」「投資」「回収」「分配」の4種類に分けることができます。

(1) キャッシュフロー

「調達」キャッシュフローは、事業プロジェクトを遂行するための、銀行借入、社債発行、株式発行などによるキャッシュインです。「投資」キャッシュフローは、銀行借入、社債発行、株式発行などによって調達した資金の事業プロジェクトへのキャッシュアウト（投資活動によるキャッシュフロー）です。「回収」キャッシュフローは、事業プロジェクトへの投資からの成果のキャッシュイン（営業活動によるキャッシュフロー）です。「分配」キャッシュフローは、事業プロジェクトの投資成果の中からの資金提供者（債権者、株主など）に対するキャッシュアウトです。「調達」・「分配」キャッシュフローは財務活動によるキャッシュフローです。

(2) フリーキャッシュフロー

企業が事業プロジェクトの遂行を通じて獲得したネットベースのキャッシュフローはフリーキャッシュフローと呼ばれ、「純現金収支」と訳されることもあります。

　　投資からの成果のキャッシュイン（営業活動によるキャッシュフロー）
−）投資のキャッシュアウト（投資活動によるキャッシュフロー）
　　フリーキャッシュフロー

であり、フリーキャッシュフローは、企業が事業プロジェクトを実行した後に、投資家（債権者、株主など）に自由に分配することができるキャッシュのことです（☞ p.16）。

序章　ファイナンス理論の基礎　13

（1）　企業から見たキャッシュフロー

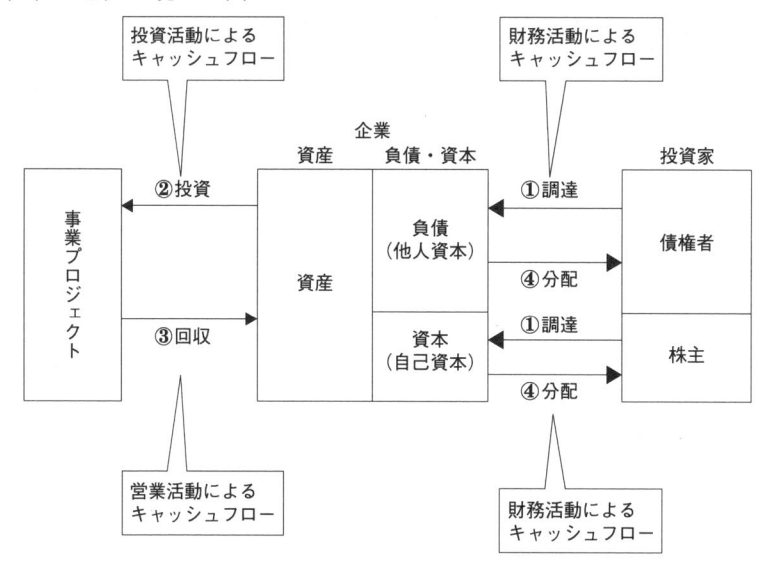

```
        投資活動による                 財務活動による
        キャッシュフロー               キャッシュフロー
             │                            │
             ↓                            ↓
                        企業
                      資産  負債・資本                   投資家
  ┌─────┐  ②投資   ┌──────┬──────┐  ①調達   ┌─────┐
  │事業  │ ←──────│      │ 負債 │ ←──────│債権者│
  │プロ  │         │      │(他人 │         │     │
  │ジェ  │         │ 資産 │ 資本)│  ④分配  │     │
  │クト  │  ③回収 │      ├──────┤ ──────→├─────┤
  │     │ ──────→│      │ 資本 │  ①調達  │     │
  │     │         │      │(自己 │ ←──────│株主 │
  │     │         │      │ 資本)│  ④分配  │     │
  └─────┘         └──────┴──────┘ ──────→└─────┘
             │                            │
             ↓                            ↓
        営業活動による                 財務活動による
        キャッシュフロー               キャッシュフロー
```

（2）　企業のフリーキャッシュフロー

```
        投資活動による
        キャッシュフロー
             │
             ↓                       企業
                                   資産  負債・資本
  ┌─────┐   投資    ┌──────┬──────┐
  │事業  │ ←────────│      │ 負債 │
  │プロ  │           │      │(他人 │
  │ジェ  │           │ 資産 │ 資本)│
  │クト  │   回収    │      ├──────┤
  │     │ ────────→│      │ 資本 │
  │     │           │      │(自己 │
  │     │           │      │ 資本)│
  └─────┘           └──────┴──────┘
             ↑
        営業活動による
        キャッシュフロー
```

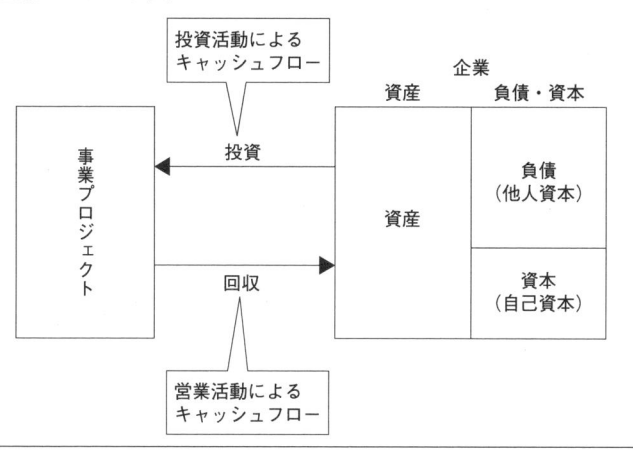

【知っておきましょう】　『会社四季報』の「キャッシュフロー」項目

　キャッシュフローは「純現金収支の増減額」と訳され、▲はキャッシュの流出、無印はキャッシュの流入をそれぞれ示し、営業・投資・財務の3つの活動の結果、企業の手元に残った現金・預金や3カ月以内の短期投資商品などの残高は「現金同等物」と呼ばれています。企業の安全性について「とくに営業キャッシュフローが長期にわたってマイナス（▲）の場合は、要注意」と言われています。

5 キャッシュフロー計算書

「キャッシュフロー計算書」は、貸借対照表・損益計算書をファイナンス的に整理し、キャッシュが実際にどれだけ出入りしたかを示しています。貸借対照表の「資産の部」は資金の使途（資金の出）であるから、「資産の部」の項目が増えるとキャッシュが減り、減るとキャッシュが増えます。逆に、貸借対照表の「負債の部」「資本の部」は資金の源泉（資金の入）であるから、「負債の部」「資本の部」のいずれかの項目が増えるとキャッシュが増え、減るとキャッシュが減ります。

(1) 貸借対照表の項目とキャッシュの関係

流動資産の増加	Cash Out	流動資産の減少	Cash In
固定資産の増加	Cash Out	固定資産の減少	Cash In
流動負債の増加	Cash In	流動負債の減少	Cash Out
固定負債の増加	Cash In	固定負債の減少	Cash Out
自己資本の増加	Cash In	自己資本の減少	Cash Out

> 【知っておきましょう】　運転資本
> ファイナンス理論では、流動資産と流動負債を別個に取り扱うことはしないで、流動資産と流動負債の差額を「運転資本」と定義しています。運転資本とキャッシュの関係は、次のとおりです。
>
> | | | | |
> |---|---|---|---|
> | 運転資本の増加 | Cash Out | 運転資本の減少 | Cash In |

(2) 損益計算書（および「セグメント情報」）の項目とキャッシュの関係

減価償却費の増加	Cash In	減価償却費の減少	Cash Out
当期純利益の増加	Cash In	当期純利益の減少	Cash Out

> 【知っておきましょう】　現金
> 「現金が増えるとキャッシュは増えるか、減るか」と質問されたとき、「現金は貸借対照表の流動資産の1項目であり、現金（流動資産）の増加は、キャッシュを投じて現金を購入することであるので、キャッシュは減る」と答えなければなりません。

序章　ファイナンス理論の基礎　15

トヨタ自動車の連結キャッシュフロー計算書

科目	当中間期 (18.4〜18.9)	前年中間期 (17.4〜17.9)
	百万円	百万円
営業活動からのキャッシュフロー		
中間（当期）純利益	777,216	570,520
営業活動から得た現金〈純額〉への中間（当期）純利益の調整		
減価償却費	655,959	547,036
貸倒引当金および金融損失引当金繰入額	1,773	28,923
退職・年金費用〈支払額控除後〉	▲ 10,540	13,514
固定資産処分損	19,007	26,993
売却可能有価証券の未実現評価損〈純額〉	1,502	4,460
繰延税額	47,701	▲ 15,862
少数株主持分損益	21,987	31,003
持分法投資損益	▲ 89,491	▲ 70,642
資産および負債の増減ほか	145,879	203,513
営業活動から得た現金〈純額〉	1,570,993	1,339,458
投資活動からのキャッシュフロー		
金融債権の増加	▲ 3,314,835	▲ 3,148,381
金融債権の回収および売却	2,782,273	2,638,589
有形固定資産の購入〈賃貸資産を除く〉	▲ 708,363	▲ 716,530
賃貸資産の購入	▲ 764,888	▲ 624,732
有形固定資産の売却〈賃貸資産を除く〉	33,066	39,122
賃貸資産の売却	217,215	195,222
有価証券および投資有価証券の購入	▲ 373,788	▲ 401,268
有価証券および投資有価証券の売却および満期償還	437,963	430,054
関連会社への追加投資支払〈当該関連会社保有現金控除後〉	▲ 1,481	▲ 129
投資およびその他の資産の増減ほか	▲ 28,336	▲ 62,730
投資活動に使用した現金〈純額〉	▲ 1,721,174	▲ 1,650,783
財務活動からのキャッシュフロー		
自己株式の取得	▲ 160,987	▲ 59,734
長期借入債務の増加	1,435,422	875,706
長期借入債務の返済	▲ 857,903	▲ 508,550
短期借入債務の増加	232,634	313,266
配当金支払額	▲ 178,296	▲ 130,724
財務活動から得た現金〈純額〉	470,870	489,964
為替相場変動の現金および現金同等物に対する影響額	16,305	33,505
現金および現金同等物純増加額	336,994	212,144
現金および現金同等物期首残高	1,569,387	1,483,753
現金および現金同等物中間期末（期末）残高	1,906,381	1,695,897

（注）連結キャッシュフロー計算書における資金（現金および現金同等物）は、手許現金、随時引き出し可能な預金および容易に換金可能であり、かつ、価値の変動について僅少なリスクしか負わない短期投資からなります。

⑥ フリーキャッシュフローの算出

フリーキャッシュフロー（FCF）は、
　　投資からの成果のキャッシュイン（営業活動によるキャッシュフロー）
－）投資のキャッシュアウト（投資活動によるキャッシュフロー）
　　フリーキャッシュフロー

と定義されています。フリーキャッシュフローを算出する際には、キャッシュの出入りを個別にすべて記録して加減する方法もありますが、多くの企業では、財務諸表（貸借対照表、損益計算書）の数字をもとに、以下の式からフリーキャッシュフローを計算しています。

　　営業利益×（1－法人税率）
＋）減価償却費
－）投資額
－）運転資本増加額
　　フリーキャッシュフロー

【知っておきましょう】　減価償却費
　減価償却費は、財務諸表会計上は費用として計上されているが、実際にはキャッシュの支払いを伴わないので、「非現金費用」です。フリーキャッシュフローを算出する際には足し戻す必要があります。

　フリーキャッシュフローを求める目的は、事業プロジェクトを実施するか、実施しないかを判断することです。あるいは、どの事業プロジェクトを実施するかを判断することです。プロジェクトを実施した場合のフリーキャッシュフローと、プロジェクトを実施しない場合のフリーキャッシュフローとを比較して、前者が後者よりも大きければ、プロジェクトは実施されます。プロジェクトを実施した場合の FCF からプロジェクトを実施しない場合の FCF を引いたものは「プロジェクトのフリーキャッシュフロー」と呼ばれています。

貸借対照表

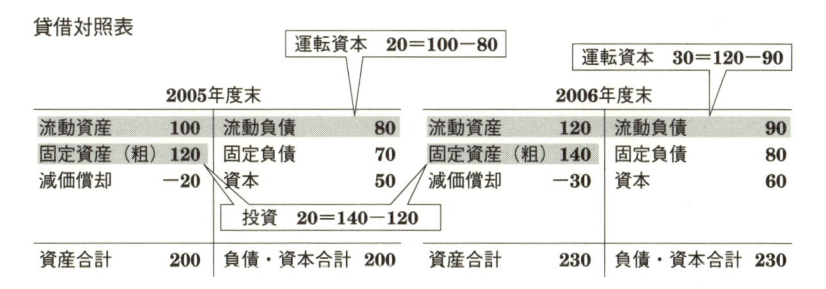

2005年度末				2006年度末			
流動資産	100	流動負債	80	流動資産	120	流動負債	90
固定資産（粗）	120	固定負債	70	固定資産（粗）	140	固定負債	80
減価償却	−20	資本	50	減価償却	−30	資本	60
資産合計	200	負債・資本合計	200	資産合計	230	負債・資本合計	230

運転資本　20＝100−80
運転資本　30＝120−90
投資　20＝140−120

損益計算書

	2006年度
売上高	150
（−）売上原価	50
（−）販売費・一般管理費	30
（−）減価償却費	10
営業利益	60
（−）支払利息	40
経常利益	20
（−）法人税（50％）	10
当期純利益	10

税引き後営業利益　30＝60×(1−0.5)

フリーキャッシュフロー

税引き後営業利益	30
（＋）減価償却費	10
（−）投資	20
（−）運転資本の増加分	10＝30−20
フリーキャッシュフロー	10

「財務諸表会計は見解、キャッシュフロー会計は事実」と言われ、財務諸表会計上の利益は、売上高や費用の計上時点、減価償却のルール、在庫払出しのルール、間接費用の配賦方法などによって変わりうるという問題点を有しています。これに対して、キャッシュフロー会計は実際にどれだけのキャッシュの出入りがあったのかという単純で客観的な事実に基づいています。

7 「会計は見解、キャッシュが事実」：製品の開発

「財務諸表会計は見解、キャッシュフロー会計は事実」、すなわち「会計は見解、キャッシュが事実」と言われています。企業のさまざまな経営判断（どの製品を開発するのか、複数の製品のうちどの製品を増産するのか、売上高が減少したときに生産量をどのように調整するのか、不採算事業からの撤退をどのように判断するのか）において、事業をとりまく環境変化に即応した経営を行うためには、財務諸表会計上の指標ではなく、キャッシュフロー会計で判断しなければなりません。

企業は製品Aを開発するために、すでに先行開発投資（150万円の機械設備の購入）を行っているとしましょう。しかし、経営環境が変わったので、企業は製品Aではなく製品Bを開発すべきかどうか迷っているとします。企業は、次の2種類の製品（製品A、製品B）のいずれを開発すればよいのでしょうか。

	製品A	製品B	
売上高	300	400	
－）売上原価等	100	100	
－）特別損失	0	150[1]	
当期純利益	200	150	（財務諸表会計上の利益）

1) 製品の開発を製品Aから製品Bに切り替えると、製品Aの開発用に購入した機械設備を全額償却するための特別損失150を計上する必要がある。

財務諸表会計上は、150万円で購入した機械設備の全額償却費用は特別損失として計上され、当期純利益で判断すれば、製品Aは200、製品Bは150であるので、製品Aを増産すべきです。

しかし、機械設備の全額償却費用150万円は実際には過去の支出であって、現在のキャッシュの支払いを伴わないので、フリーキャッシュフローを算出する際には足し戻す必要があります。フリーキャッシュフロー（FCF）で判断すれば、製品Aは200、製品Bは300であるので、製品Bを増産すべきです。

	製品A	製品B	
売上高	300	400	（キャッシュイン）
－）売上原価等	100	100	（キャッシュアウト）
－）特別損失	0	150	
＋）特別損失	0	150	（足し戻し）
FCF	200	300	

⇩

	製品A	製品B
キャッシュイン（売上高）	+300	+400
キャッシュアウト（売上原価等）	−100	−100
ネットキャッシュフロー	+200	+300

【知っておきましょう】　埋没コスト（sunk cost）

　進行中の投資プロジェクトを考えます。経営環境が変わったので、プロジェクト進行途中で収支の見通しを再計算すると、採算ラインに乗らないことがわかったりします。ここで言われるのは「ここまでやってやめるわけにはいかない」というものですが、これまでに投入された資金は「埋没コスト（sunk cost）」と呼ばれ、埋没コストはフリーキャッシュフローの計算には入りません。つまり、埋没コストの大きさはプロジェクトの継続か中止かの現在の判断には関係しません。意思決定は、「投資プロジェクトを実行するためには、これからいくらのキャッシュのインプットが必要で、それがどれだけのキャッシュのアウトプットを生み出すか」という観点から行わなければなりません。

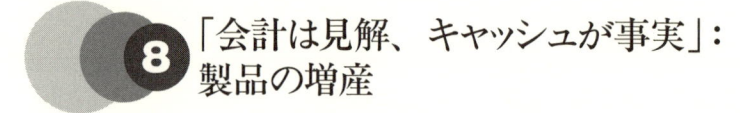

8 「会計は見解、キャッシュが事実」：製品の増産

　企業は2種類の製品（製品A、製品B）を製造しています。費用は、製品製造によって直接負担しなければならない工場現場の費用（直接費用）と、間接負担しなければならない本社部門の費用（間接費用：直接費用の$\frac{2}{3}$として費用計上）とに分類されています。どちらの製品を増産すればよいのでしょうか。

	製品A	製品B	
売上高	300	500	
－）直接費用	150	300	
－）間接費用[1]	100[2]	200[3]	
利益	50	0	（財務諸表会計上の利益）

[1] 間接費用は本社の間接部門の経費などのことで、直接費用（材料費・労務費など）の一定の割合（ここでは$\frac{2}{3}$）に応じて、各製品に配賦されている。

[2] $100 = 150 \times \frac{2}{3}$

[3] $200 = 300 \times \frac{2}{3}$

　財務諸表会計上の利益で判断すれば、製品Aは50、製品Bは0であるので、製品Aを増産すべきです。

　間接費用は、財務諸表会計上は費用として計上されているが、実際にはキャッシュの支払いを伴わないので、フリーキャッシュフロー（FCF）を算出する際には足し戻す必要があります。フリーキャッシュフローで判断すれば、製品Aは150、製品Bは200であるので、製品Bを増産すべきです。

	製品A	製品B	
売上高	300	500	（キャッシュイン）
－）直接費用	150	300	（キャッシュアウト）
－）間接費用	100	200	
＋）間接費用	100	200	（足し戻し）
FCF	150	200	

⇩

	製品 A	製品 B
キャッシュイン（売上高）	＋300	＋500
キャッシュアウト（直接費用）	－150	－300
ネットキャッシュフロー	＋150	＋200

【知っておきましょう】　間接費用
　財務諸表会計とキャッシュフロー会計による上記の結論の違いは、間接費用の配賦という手続きから生じています。企業が製品ごとの損益計算書を作成する際には、個々の製品の製造費用にひも付けできない間接費用を、直接費用の一定割合として、それぞれの製品に配賦することが広く行われています。

9 「会計は見解、キャッシュが事実」：生産量の調整

　財務諸表会計上の利益に着目するか、あるいはフリーキャッシュフローに着目するかによって、環境変化に対応する経営のスピードが大きく異なってきます。企業は製品を400個製造し、1個700円で完売しています。売上原価（製造費用）は1個当たり200円の変動費用と、10万円の固定費用からなっています。いま企業の販売個数が400個から200個に半減したとしましょう。企業は生産量を400個に維持すべきか、あるいは販売個数半減に合わせて200個に減産すべきか、どちらでしょうか。

　財務諸表会計上は、売上総利益（粗利）が生産量を現状の400個に維持したとき5万円、200個に半減したとき0万円であるので、企業は生産量を現状通りの400個に維持すべきです。販売個数が200個に半減するなかで400個の生産量を維持すると「意図せざる在庫増（200個の売れ残り）」が生じますが、財務諸表会計上は「売れ残り商品（在庫増）の製造費用は当期の売上原価に計上する必要がない」ので、生産量を現状の400個に維持したとき、200個に半減したときの売上総利益は、それぞれ次のように計算されます。

	従来	製品の売上高が半減したときの対応	
		従来の生産量を維持する	売上高の減少に合わせて減産する
売上高	280,000 [1]	140,000 [3]	140,000 [6]
（−）売上原価の変動部分	80,000 [2]	40,000 [4]	40,000 [7]
（−）売上原価の固定部分	100,000	50,000 [5]	100,000 [8]
売上総利益	100,000	50,000	0

1） 700円×400個
2） 200円×400個
3） 700円×200個
4） 200円×200個
5） 売上高が半減する中で生産量を維持すると在庫が積み上がる。在庫分の製造費用は当期の売上原価として計上する必要はない。
6） 700円×200個
7） 200円×200個
8） 減産しても、売上原価の固定部分は同じである。

しかし、実際には変動費用として80,000円（＝200円×400個）、固定費用として100,000円のキャッシュの支払いが行われているので、フリーキャッシュフローを算出する際には「売れ残り商品（在庫増）の製造費用の負担（40,000円＋50,000円）」を加えなければなりません。フリーキャッシュフローは、生産量を現状の400個に維持したとき－4万円、200個に半減したとき0万円であるので、企業は生産量を200個に半減すべきです。

	従来	製品の売上高が半減したときの対応	
		従来の生産量を維持する	売上高の減少に合わせて減産する
キャッシュイン（売上高）	＋280,000	＋140,000	＋140,000
キャッシュアウト（売上原価の変動部分）	－80,000	－80,000	－40,000
キャッシュアウト（売上原価の固定部分）	－100,000	－100,000	－100,000
ネットキャッシュフロー	＋100,000	－40,000	0

10 「会計は見解、キャッシュが事実」： 不採算事業からの撤退

　1990年代は、アメリカ企業が徹底的にリストラを実施することで競争力を回復したのに対し、日本企業のリストラに対する取り組みは鈍かったと言われています。これに対するファイナンス理論の説明は、財務諸表会計上の利益の最大化を目的とする日本企業の経営と、フリーキャッシュフローの最大化を目的とするアメリカ企業の経営とのパラダイムの違いを挙げています。典型的なリストラの例として、不採算事業から撤退して工場を閉鎖するケースを取り上げましょう。

　企業は不採算事業からの撤退を考えています。リストラ（設備を撤去し、工場跡地を更地にして売却）を行うべきでしょうか。機械設備の取得費用は100万円、機械設備の売却価格は0万円、土地の取得費用は10万円、土地の売却価格は15万円、整地費用は10万円です。

　不採算事業からの撤退は、財務諸表会計上では多額の特別損失の計上をもたらします。

　　特別損失（土地の売却益と整地費用）　（15−10）−10 ＝ −5
　　特別損失（機械設備の全額償却費用）　0−100 ＝ −100

財務諸表会計上の利益（当期純利益）で判断すると、大幅赤字（−105）の決算に耐えることができない限り、不採算事業からの撤退を実行することは困難です。

（＋）特別利益	
土地売却益	5 [1]
（−）特別損失	
機械設備特別償却	100 [2]
整地費用	10
当期純利益	−105

1） 15−10
2） 過去に購入した機械設備の全額償却

しかし、フリーキャッシュフローを指標として経営判断を行うと、実際には機械設備の取得費用100万円、土地の取得費用10万円は過去の支出（埋没費用）であって、現在のキャッシュの支払いを伴いません。フリーキャッシュフローを算出する際には、

　　機械設備の売却価格　　0万円　（キャッシュイン）

　　土地の売却価格　　　15万円　（キャッシュイン）

　　整地費用　　　　　　10万円　（キャッシュアウト）

であり、フリーキャッシュフロー（FCF）は、

　　$FCF = 0 + 15 - 10 = 5$ 万円

です。

キャッシュイン（土地売却代金）	＋15
キャッシュアウト（整地費用）	－10
ネットキャッシュフロー	＋5 [3]

3）　過去に購入した機械設備は無視されるべき「埋没費用」です。

　財務諸表会計上の利益の最大化を目指している日本企業が、大赤字が出るリストラを実施しづらいのに対し、フリーキャッシュフローの最大化を目指しているアメリカ企業は逆にプラスのキャッシュが手に入るので、リストラを断行することは当然の選択になります。アメリカの株式市場は、「企業の価値はキャッシュフローを生み出す力である」というファイナンス理論の考え方を基礎にして動いているので、リストラに伴うフリーキャッシュフローがプラスであれば、その企業の株価は上昇します。

第1部　投資の理論
第1章　ポートフォリオ理論

　「自己責任時代の資産運用 ABC」という見出しのもとで、次のような新聞記事がありました。「投資のリスクは、どの程度みておいた方がよいのか。国の年金を運用する年金資金運用基金の資料を基に説明する。表の数字は長期的な運用計画に使われた数字で、1999年までの過去27年間のデータから計算したものだ。国内株式のリスク（収益率のぶれ幅：標準偏差 σ）は年率21.6%とある。言い換えると68%の確率で、リターン（期待収益率：期待値 μ）からの上下のぶれは21.6%の範囲に収まることを意味する。また95%の確率で、上下にこの2倍（43.2%）の幅に入ると想定される。この例から、1年後に起こりうる最悪のケースを計算してみよう。年金運用では国内株式の期待収益率は6.5%である。この収益率から、確率95%で最もぶれた場合の43.2%を差し引くと、マイナス36.7%ということになる。一般的には、この確率95%で最も下振れしたケースを『最悪』と想定することが多い。」（『日本経済新聞』2002年4月28日：筆者注釈付き）。

　さあ、読者のみなさんが株式投資を行うとすれば、いずれの株式銘柄を買いますか。あるいは、いずれの株式銘柄を組み合わせて買いますか。どのように金融資産を組み合わせればよいのかを学ぶことがポイントです。

国の年金が運用の前提としている数字

資産	期待収益率	リスク
国内株式	年率6.5％	年率21.62％
国内債券	4.0	5.45
外国株式	7.0	20.30
外国債券	4.5	14.67
短期資産	2.5	3.38

出所:『日本経済新聞』2002年4月28日。

11　1つの資産のリターンとリスク：過去の実績あるいはシナリオ生起確率による計算

サイコロを振って、出た目に応じて報酬（$x_i = 1, 2, 3, 4, 5, 6$万円）をもらえるとしましょう。サイコロの目に応じた報酬を事象と考えれば、1万円から6万円までの事象はそれぞれ$\frac{1}{6}$の確率（p）で生じます。1回サイコロを振ってもらえる報酬の期待値（リターン）と分散・標準偏差（リスク）を求めましょう。

① 期待値（リターン：$\mu_X, E[X]$）：$E[X] = \sum_{i=1}^{n} p_i x_i$
　　$E[X] = \sum_{i=1}^{6} \frac{1}{6} x_i = 3.5$万円　（☞ p.202）

② 分散（リスク：$\sigma_X^2, V(X)$）：$V(X) = \sum_{i=1}^{n} p_i (x_i - E[X])^2$
　　$V(X) = \sum_{i=1}^{6} \frac{1}{6}(x_i - 3.5)^2 = 2.92$　（☞ p.202）

③ 標準偏差（リスク：σ_X）：$\sigma_X = \sqrt{V(X)}$
　　$\sigma_X = \sqrt{V(X)} = 1.71$万円　（☞ p.202）

将来の収益率を現時点で予測するには2つの方法があります。第1の方法は「過去の実績が将来も生起するとみなして推定する」方法です。第2の方法は「不確実な将来に関する複数のシナリオを描いて推定する」方法です。

(1) 過去の実績によるリターンとリスクの計算

2006年の収益率（R）のリターンとリスクを求めましょう。Rを確率変数とみなし、01年〜05年の5年間の収益率を事象とすると、各事象の生起確率は$\frac{1}{5}$です。2006年の収益率（R）は$\frac{1}{5}$の確率で、01年〜05年の5年間の収益率のいずれかをとると考えてリターンとリスクを求めることが「過去の実績によるリターンとリスクの計算」です。

(2) シナリオ生起確率によるリターンとリスクの計算

2006年の収益率（R）のリターンとリスクを求めましょう。Rを確率変数とみなし、好景気、普通、不景気の3つのシナリオそれぞれが生起したときの予想収益率を事象とし、各事象の生起確率を0.3, 0.4, 0.3とします。2006年の収益率（R）は、たとえば確率0.3で30%、確率0.4で10%、確率0.3で−5%をとると考えてリターンとリスクを求めることが、「シナリオ生起確率によるリターンとリスクの計算」です。

(1) 過去の実績による2006年のリターンとリスクの計算

	2001年	2002年	2003年	2004年	2005年
収益率（R）	5.0	4.5	5.5	4.0	3.5
偏差	0.5	0.0	1.0	−0.5	−1.0
偏差の2乗	0.25	0.0	1.0	0.25	1.0

偏差＝収益率−リターン
　　＝$R_i - E[R]$
　　＝$R_i - 4.5$

2006年の収益率の確率分布は確率$\frac{1}{5}$で、2001〜2005年の収益率の実績値がそれぞれ起こると想定している。

期待収益率（リターン）＝$E[R]=\frac{1}{5}\times(5.0+4.5+5.5+4.0+3.5)=4.5\%$
分散（リスク）＝$V(R)=\frac{1}{5}\times\{0.5^2+0.0^2+1.0^2+(-0.5)^2+(-1.0)^2\}=0.5$
標準偏差（リスク）＝$\sigma(R)=\sqrt{V(R)}\fallingdotseq 0.71$

(2) シナリオ生起確率による2006年のリターンとリスクの計算

2006年のシナリオ	シナリオ生起確率	収益率（R）
好景気	0.3	30%
普通	0.4	10%
不景気	0.3	−5%

シナリオ生起確率の合計は1である。

2006年の収益率の確率分布は確率0.3で収益率30%、0.4で10%、0.3で−5%がそれぞれ起こると想定している。

期待収益率（リターン）＝$E[R]=0.3\times30+0.4\times10+0.3\times(-5)=11.5\%$
分散（リスク）＝$V(R)=0.3\times(30-11.5)^2+0.4\times(10-11.5)^2+0.3$
　　　　　　　　　$\times(-5-11.5)^2=185.25$
標準偏差（リスク）＝$\sigma(R)=\sqrt{V(R)}\fallingdotseq 13.61$

12 期待効用仮説と平均・分散アプローチ

確率 p で賞金 x_1 を、確率 $(1-p)$ で賞金 x_2 をもたらす宝くじ a は、
$$a = [x_1, x_2 ; p, (1-p)]$$
で表すことができます。「宝くじ」の例示として、安全資産（貨幣）と危険資産（株式）を取り上げます。貨幣については、期首の100万円は、確率1で期末には100万円になります。株式については、期首の100万円は、期末には、確率0.5で120万円（株価上昇）、確率0.5で80万円（株価下落）になります。

　　安全資産 $= a^1 = [100 ; 1]$
　　危険資産 $= a^2 = [120, 80 ; 0.5, 0.5]$

(1) 期待効用仮説

投資家が、不確実性のもとで、一定の合理性の公準を満たす行動をとるならば、（ノイマン＝モルゲンシュテルンの）効用関数 $u(x)$ が存在して、しかも貨幣と株式の間の選択は、期末時点の資産価値から得られる効用の期待値、つまり期待効用の大小で行うことができます。

【知っておきましょう】　期待値と期待効用

① 期待値：$E[X] = \sum p_i x_i$
　$E[X^1] = 1 \times 100 = 100$
　$E[X^2] = 0.5 \times 120 + 0.5 \times 80 = 100$

② 期待効用（効用の数学的期待値）：$E[u(x)] = \sum p_i u(x_i)$
　$E[u(x^1)] = 1 \times u(100)$
　$E[u(x^2)] = 0.5 \times u(120) + 0.5 \times u(80)$

---

(2) 平均・分散アプローチ

資産選択行動を、リターン（期待値）とリスク（分散あるいは標準偏差）の2つの尺度を用いて分析するオペレーショナルな手法は「平均・分散アプローチ」と呼ばれています。個人の効用関数が任意のものであっても、確率分布が正規分布である場合には、平均・分散アプローチは、期待効用最大化仮説による資産選択理論と同じことを意味する理論です。

① 安全資産（貨幣）
　期首の100万円 ——（確率1）→ 期末の100万円
② 危険資産（株式）

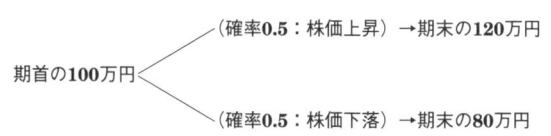

期首の100万円 ＜（確率0.5：株価上昇）→ 期末の120万円
　　　　　　　　（確率0.5：株価下落）→ 期末の80万円

（1）　期待値と期待効用

① 安全資産
$E[X^1] = 1 \times 100 = 100$
$E[u(X^1)] = 1 \times u(100)$

② 危険資産
$E[X^2] = 0.5 \times 120 + 0.5 \times 80 = 100$
$E[u(X^2)] = 0.5 \times u(120) + 0.5 \times u(80)$

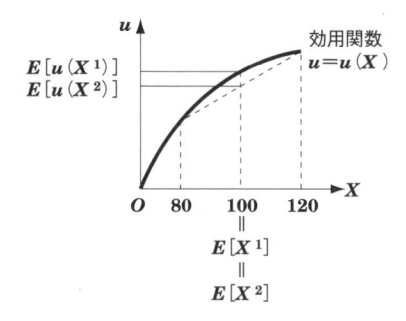

効用関数 $u = u(X)$

$E[u(X^1)]$
$E[u(X^2)]$

O　80　100　120　X
　　　　　∥
　　　　$E[X^1]$
　　　　　∥
　　　　$E[X^2]$

（2）　平均・分散アプローチ

$E[u] = \mu - \lambda \sigma^2$（期待効用関数）
ここで、$E[u]$＝期待効用
　　　　μ＝リターン
　　　　σ^2＝リスク（分散）
　　　　λ＝投資家のリスク回避係数

（$\lambda > 0$ のケース）

無差別曲線
（等期待効用曲線）

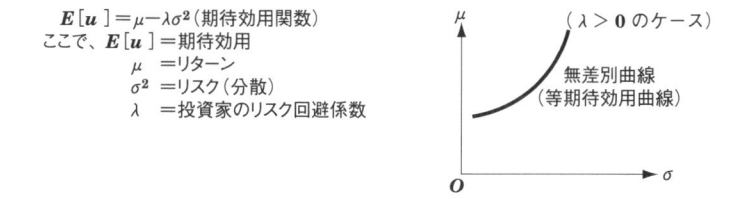

【知っておきましょう】　投資家のリスク回避係数

　期待効用関数を $E[u] = \mu - \lambda \sigma^2$ と特定化したとき、λ は「投資家のリスク回避係数」と呼ばれ、投資家のリスクに対する態度はリスク回避係数の正負によって決まります。$\lambda > 0$ はリスク回避者、$\lambda = 0$ はリスク中立者、$\lambda < 0$ はリスク愛好者をそれぞれ意味しています。λ が大きければ大きいほど、リスクを回避する傾向が強いことを意味しています。

13 リスクに対する投資家の選好:効用関数

「期待効用仮説」(☞ p.30) によれば、安全資産と危険資産の間の選択は期待効用の大小で行うことができます。各資産の期待効用は、

$E[u(x^1)] = 1 \times u(100)$　　　　　　　　　　(貨幣の期待効用)

$E[u(x^2)] = 0.5 \times u(120) + 0.5 \times u(80)$　　　　(株式の期待効用)

ですが、効用関数 $u = u(x)$ の形がわからなければ、上記の2つの期待効用の大小を比べることはできません。

横軸に期末時点の富の額 (x)、縦軸に効用 (u) をとって、リスク回避者、リスク愛好者、リスク中立者の効用関数を図示しましょう。x の増大に伴い限界効用がどのように変化するのかを見ましょう。

不確実性下の選択(安全資産と危険資産の選択)は投資家の「リスクに対する選好」に依存しています。リスク回避者、リスク愛好者、リスク中立者の効用関数の図示は右ページです。x の増大に伴い、限界効用 $\left(u'(x) = \dfrac{du}{dx}\right)$ はリスク回避者のとき逓減し、リスク愛好者のとき逓増します。リスク中立者のときは、x に関係なく限界効用は一定です。

【こんな問題に出会ったら】

効用関数 $u = u(x)$ が次のような形をしているとき、その個人はリスク回避者、リスク愛好者、リスク中立者のいずれですか。

① $u = e^x$ (e はネイピア数)
② $u = x^{\frac{4}{5}}$
③ $u = 2x$

リスク回避者、リスク愛好者、リスク中立者のいずれであるかは、効用関数の2次の導関数の符号(限界効用の変化)によってわかります。

① $u' = e^x$　　$u'' = e^x > 0$　　　　(リスク愛好)
② $u' = \dfrac{4}{5}x^{-\frac{1}{5}}$　　$u'' = -\dfrac{4}{25}x^{-\frac{6}{5}} < 0$　　(リスク回避)
③ $u' = 2$　　$u'' = 0$　　　　　　(リスク中立)

（1） リスク回避者：$u = u(x)$, $u'(x) > 0$, $u''(x) < 0$

$u =$ 投資家の効用
$x =$ 資産の期末時点の価値

限界効用逓減：$u''(x) < 0$

金持ちになればなるほど、お金の限界効用（あと1万円からの追加的効用）はだんだん小さくなる。

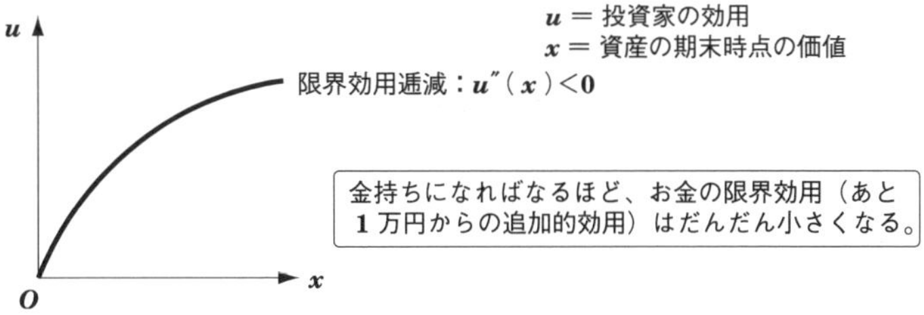

（2） リスク中立者：$u = u(x)$, $u'(x) > 0$, $u''(x) = 0$

限界効用一定：$u''(x) = 0$

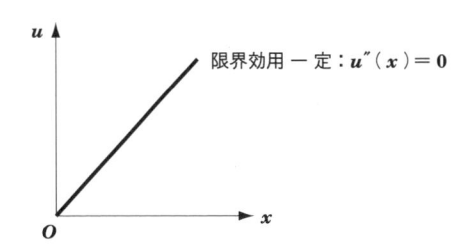

（3） リスク愛好者：$u = u(x)$, $u'(x) > 0$, $u''(x) > 0$

限界効用逓増：$u''(x) > 0$

金持ちになればなるほど、お金の限界効用（あと1万円からの追加的効用）はだんだん大きくなる。

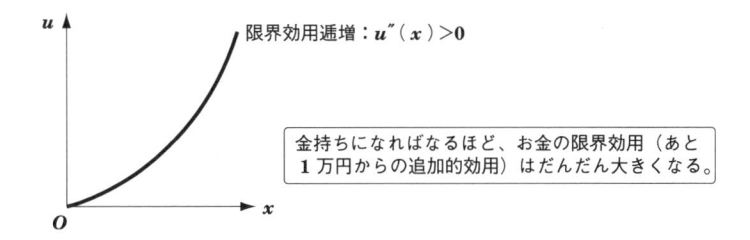

【知っておきましょう】　絶対的リスク回避度と相対的リスク回避度

① 絶対的リスク回避度 $= -\dfrac{u''}{u'}$
② 相対的リスク回避度 $= -\dfrac{xu''}{u'}$

14 リスク回避者・保険プレミアムとリスク愛好者・危険プレミアム

正のリスク・プレミアム（保険プレミアム：ρ）はリスクに直面することによるリスク回避者の不効用、負のリスク・プレミアム（危険プレミアム：ρ'）はリスクに直面することによるリスク愛好者の効用をそれぞれ表しています。

リスク・プレミアム（RP）を求める際には、

① $E[X] = \sum p_i x_i = X$ の期待値
② $E[u(x)] = \sum p_i u(x_i) = X$ の期待効用
③ $y = E[u(x)]$ と同水準の効用を確実に得ることのできる富（すなわち、$u(y) = E[u(x)]$）

をまず求めます。リスク・プレミアム（RP）は、

$$RP \equiv E[x] - y$$

として計算されます。

【こんな問題に出会ったら】

効用関数 $u = 9\sqrt{x}$ をもっている投資家の次の危険資産

$$a = [x_1, x_2 ; p_1, p_2] = [100, 900 ; \tfrac{5}{8}, \tfrac{3}{8}]$$

に対するリスク・プレミアムを求めなさい。

$u' = \tfrac{9}{2} x^{-\frac{1}{2}}, u'' = -\tfrac{9}{4} x^{-\frac{3}{2}} < 0$ であるので、この投資家はリスク回避者です。

$E[X] = \tfrac{5}{8} \times 100 + \tfrac{3}{8} \times 900 = 400$

$E[u(x)] = \tfrac{5}{8} \times u(100) + \tfrac{3}{8} \times u(900)$
$\qquad\quad = \tfrac{5}{8} \times 90 + \tfrac{3}{8} \times 270$
$\qquad\quad = \tfrac{315}{2}$

であるので、

$u(y) = \tfrac{315}{2}$

を満たす y^* を求めると、$y^* = \tfrac{1225}{4}$（「確実同値額」）です。したがって、

$RP \equiv E[X] - y^* = 400 - \tfrac{1225}{4} = \tfrac{375}{4}$（保険プレミアム：答え）が得られます。

（1） リスク回避者と保険プレミアム（負の危険プレミアム）

$1 \times u(100)$ ＞ $0.5 \times u(120) + 0.5 \times u(80)$
（貨幣の期待効用）　（株式の期待効用）
　　　　　　　　　　↓　$\rho =$ 保険プレミアム（負の危険プレミアム）
$1 \times u(100 - \rho) = 0.5 \times u(120) + 0.5 \times u(80)$

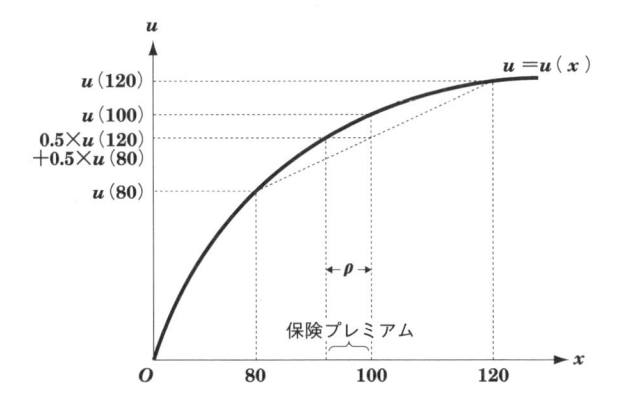

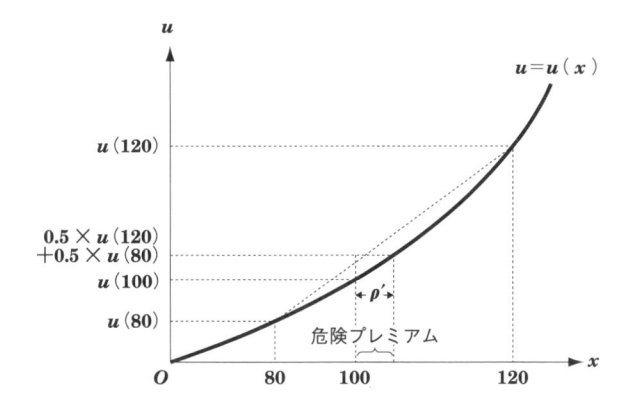

（2） リスク愛好者と危険プレミアム

$1 \times u(100)$ ＜ $0.5 \times u(120) + 0.5 \times u(80)$
（貨幣の期待効用）　（株式の期待効用）
　　　　　　　　　　↓　$\rho' =$ 危険プレミアム
$1 \times u(100 + \rho') = 0.5 \times u(120) + 0.5 \times u(80)$

15 リターンとリスクに対する投資家の選好：無差別曲線

　資産の期末価値 X は正規分布にしたがっていると仮定しているので、X の期待効用は平均 μ、分散 σ^2 のみで決定されます。ですから、投資家の選好関係は、リターン（期待値・平均）とリスク（分散あるいは標準偏差）のみに依存していると仮定できるでしょう。

　無差別曲線（等期待効用曲線）は、縦軸にリターン（期待値・平均）、横軸にリスク（標準偏差）をとって、投資家の選好関係を図示したものです。

(1)　リスク回避者の無差別曲線

　リスク回避者ならば、期待効用の水準を一定に保とうとすれば、リスクの増大に対しては高いリターンを要求するので、無差別曲線は右上がりになります。リスク回避者は、リターンが同じであれば、リスクがより小さいものの方を選好します（$U_1 < U_2 < U_3$）。

(2)　リスク中立者の無差別曲線

　リスク中立者ならば、期待効用はリスクの大きさのいかんにかかわらず、リターンのみに依存しているので、無差別曲線は横軸に平行な直線になります。

(3)　リスク愛好者の無差別曲線

　リスク愛好者ならば、期待効用の水準を一定に保とうとすれば、リターンの減少に対して高いリスク（大損もあるが、大儲けもある可能性）を要求するので、無差別曲線は右下がりになります。リスク愛好者は、逆にリターンが同じであれば、リスクがより大きいものの方を選好します（$U_1 < U_2 < U_3$）。

① どの投資家も、リターンは高ければ高いほど好ましいと考えている（$U_3 > U_2 > U_1$）。
② リスクに対する好みは投資家によって異なる。つまり、「大損するかもしれないが、大儲けにかけることを好む」という意味でリスク好きの投資家もいれば、「大損は嫌なので、儲けは小さくてもよいことを好む」という意味でリスク嫌いの投資家もいる。

（1） リスク回避者（risk averter）

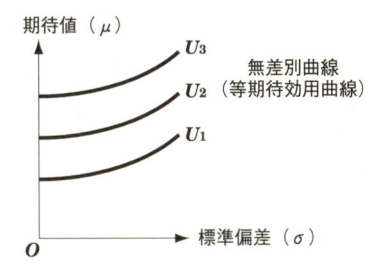

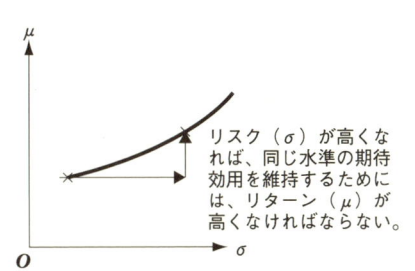

無差別曲線（等期待効用曲線）

リスク（σ）が高くなれば、同じ水準の期待効用を維持するためには、リターン（μ）が高くなければならない。

（2） リスク中立者（risk neutral）

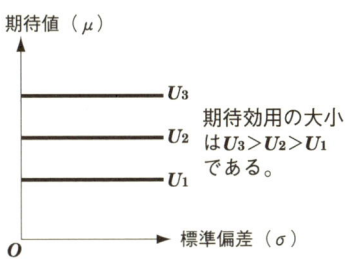

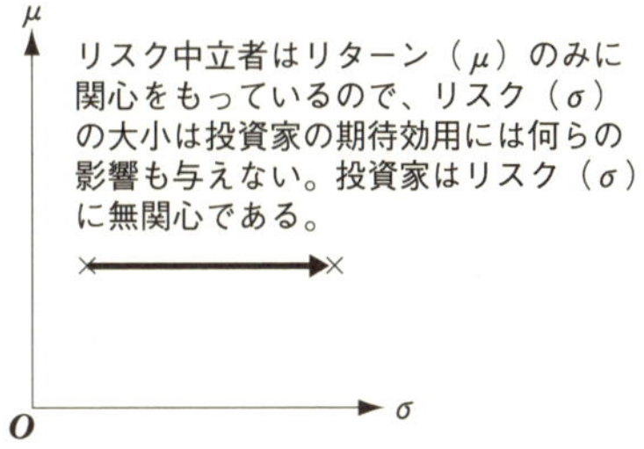

期待効用の大小は $U_3 > U_2 > U_1$ である。

リスク中立者はリターン（μ）のみに関心をもっているので、リスク（σ）の大小は投資家の期待効用には何らの影響も与えない。投資家はリスク（σ）に無関心である。

（3） リスク愛好者（risk lover）

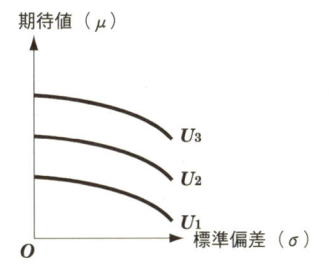

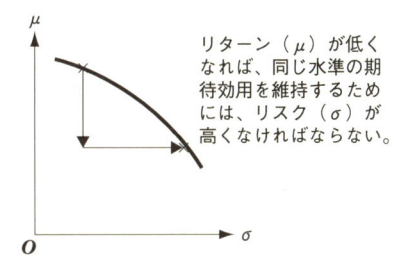

リターン（μ）が低くなれば、同じ水準の期待効用を維持するためには、リスク（σ）が高くなければならない。

16 ポートフォリオ（資産の組み合わせ）のリターン

　第1に、2つの資産の収益率（R_A, R_B）の各リターンをシナリオ生起確率によって計算します。第2に、2つの資産の組み合わせ（ポートフォリオ）のリターンをシナリオ生起確率によって計算します。

(1)　2つの資産の収益率（R_A, R_B）の各リターン

　R_i（$i = A, B$）を確率変数とみなし、好景気、普通、不景気の3つのシナリオそれぞれが生起したときの予想収益率を事象とし、各事象の生起確率を0.3, 0.4, 0.3とします。株式Aの収益率（R_A）は、確率0.3で30%、確率0.4で20%、確率0.3で−10%をとります。また、株式Bの収益率（R_B）は、確率0.3で10%、確率0.4で5%、確率0.3で0%をとります。株式iの予想収益率 R_i（$i = A, B$）のリターンを求めましょう。

$$E[R_A] = 0.3 \times 30 + 0.4 \times 20 + 0.3 \times (-10) = 14\%$$
$$E[R_B] = 0.3 \times 10 + 0.4 \times 5 + 0.3 \times 0 = 5\%$$

株式Aは株式Bよりも「ハイリターン」です。

(2)　2つの資産の組み合わせ（ポートフォリオ）のリターン

　株式Aが50%、株式Bが50%からなるポートフォリオのリターンを求めましょう。$w_A, w_B =$ 株式A、株式Bのポートフォリオの中に占める割合（$w_A + w_B = 1$）とすると、ここでは、$w_A = 0.5$, $w_B = 0.5$です。$E[R_P] =$ ポートフォリオのリターンとすると、

$$E[R_P] = w_A \times E[R_A] + w_B \times E[R_B]$$
$$= 0.5 \times 14 + 0.5 \times 5 = 9.5\%$$

【知っておきましょう】　n個の資産の組み合わせのリターン

　$R_i =$ 第i証券の収益率（$i = 1, 2, \cdots, n$）、$R_P = n$個の証券から構成されるポートフォリオの収益率、$w_i =$ 第i証券への投資比率としましょう。

$$E[R_P] = E[w_1 R_1 + w_2 R_2 + \cdots + w_n R_n] = w_1 E[R_1] + w_2 E[R_2] + \cdots + w_n E[R_n]$$
$$= \sum w_i E[R_i]$$

ポートフォリオ（2つの資産の組み合わせ）のリターン

シナリオ	シナリオ生起確率	株式 A の収益率（R_A）	株式 B の収益率（R_B）
好景気	0.3	30	10
普通	0.4	20	5
不景気	0.3	−10	0
リターン（期待収益率）		14	5

株式 A はハイリターン、株式 B はローリターンである。

$E[R_P] = w_A \times E[R_A] + w_B \times E[R_B]$
ここで、
$E[R_P]$ ＝ポートフォリオ（2つの資産の組み合わせ）のリターン
$E[R_i]$ ＝株式 i（$i = A, B$）のリターン
w_A, w_B ＝株式 A, B のポートフォリオの中に占める割合（$w_A + w_B = 1$）

w_A	w_B	ポートフォリオのリターン
1	0	$1 \times 14 + 0 \times 5 = 14$
0.75	0.25	$0.75 \times 14 + 0.25 \times 5 = 11.75$
0.6	0.4	$0.6 \times 14 + 0.4 \times 5 = 10.4$
0.5	0.5	$0.5 \times 14 + 0.5 \times 5 = 9.5$
0.4	0.6	$0.4 \times 14 + 0.6 \times 5 = 8.6$
0.25	0.75	$0.25 \times 14 + 0.75 \times 5 = 7.25$
0	1	$0 \times 14 + 1 \times 5 = 5$

17 ポートフォリオ（資産の組み合わせ）のリスク

第1に、2つの資産の収益率（R_A, R_B）の各リスクをシナリオ生起確率によって計算します。第2に、2つの資産の組み合わせ（ポートフォリオ）のリスクをシナリオ生起確率によって計算します。

(1) 2つの資産の収益率（R_A, R_B）の各リスク

R_i ($i = A, B$) を確率変数とみなし、好景気、普通、不景気の3つのシナリオそれぞれが生起したときの予想収益率を事象とし、各事象の生起確率を $0.3, 0.4, 0.3$ とします。株式Aの収益率（R_A）は、確率0.3で30％、確率0.4で20％、確率0.3で-10％をとります。また、株式Bの収益率（R_B）は、確率0.3で10％、確率0.4で5％、確率0.3で0％をとります。株式iの予想収益率 R_i ($i = A, B$) のリスク（分散）を求めましょう。

$$\sigma_A^2 = 0.3 \times (30-14)^2 + 0.4 \times (20-14)^2 + 0.3 \times (-10-14)^2 = 264$$

$$\sigma_B^2 = 0.3 \times (10-5)^2 + 0.4 \times (5-5)^2 + 0.3 \times (0-5)^2 = 15$$

株式Aは株式Bよりも「ハイリスク」です。

(2) 2つの資産の組み合わせ（ポートフォリオ）のリスク

株式Aが50％、株式Bが50％からなるポートフォリオのリスク（分散）を求めましょう。

$w_A, w_B =$ 株式A、株式Bのポートフォリオの中に占める割合（$w_A + w_B = 1$）とすると、ここでは、$w_A = 0.5, w_B = 0.5$です。$\sigma_{AB} =$ 株式A, Bの収益率の共分散（☞ p.203）、$\rho_{AB} =$ 株式A, Bの収益率の相関係数（☞ p.204）、$\sigma_P^2 =$ ポートフォリオのリスク（分散）とすると、

$$\sigma_P^2 = w_A^2 \times \sigma_A^2 + w_B^2 \times \sigma_B^2 + 2 w_A w_B \sigma_{AB}$$

$$= w_A^2 \times \sigma_A^2 + w_B^2 \times \sigma_B^2 + 2 w_A w_B \rho_{AB} \sigma_A \sigma_B$$

$$\fallingdotseq 0.5^2 \times 264 + 0.5^2 \times 15 + 2 \times 0.5 \times 0.5 \times \rho_{AB} \times 16.25 \times 3.87$$

です。株式A, Bの収益率の相関係数（ρ_{AB}）がわからなければ、ポートフォリオのリスク（分散）を求めることはできません。

$\rho_{AB} = 1$のときは、$\sigma_P = w_A \times \sigma_A + w_B \times \sigma_B$です。$-1 \leq \rho_{AB} < 1$のときは、2

ポートフォリオ（2つの資産の組み合わせ）のリスク

シナリオ	シナリオ 生起確率	株式 A の 収益率（R_A）	株式 B の 収益率（R_B）
好景気	0.3	30	10
普通	0.4	20	5
不景気	0.3	−10	0
リターン（期待収益率）		14	5
リスク（分散：σ^2）		264	15
リスク（標準偏差：σ）		16.25	3.87

16.25 → ハイリスク、ハイリターン
3.87 → ローリスク、ローリターン

↓

リターン（$E[R_P]$）

- ポートフォリオのリターンとリスクの組み合わせ
- 14％ — 株式 A 100％
- 5％ — 株式 B 100％
- 不完全相関関係（$-1 \leq \rho_{AB} < 1$）にある2つの資産を組み合わせることによるリスク削減効果
- O　3.87％　16.25％　リスク（σ_P）

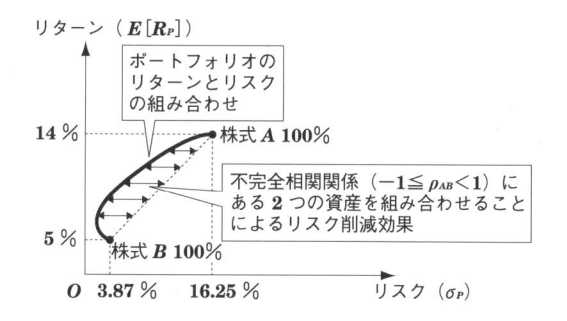

つの資産を組み合わせることによって、「リスク分散効果」により、リターンを落とさずに、リスクを小さくすることができます。

【知っておきましょう】　R_A, R_B の相関係数と共分散
① 共分散：$\sigma_{AB} = Cov(R_A, R_B) = E[(R_A - E[R_A])(R_B - E[R_B])]$
② 相関係数：$\rho_{AB} = \dfrac{\sigma_{AB}}{\sigma_A \sigma_B}$

　R_A, R_B の間の相関の度合いは、「散布図」を描けばわかるし、「共分散」を計算して、その符号の正負を見ればある程度わかるのですが、それらの情報では、相関の強弱はわかりません。相関の強弱、正しくは直線的関係の強弱を表している指標が「相関係数」です。

18　2つの危険資産の組み合わせのリターンとリスク：2資産の相関係数

2つの危険資産（株式 A, B）の組み合わせは、一般には（$-1 < \rho_{AB} < 1$）、株式 A100%、株式 B100%を結ぶ直線よりも左側に来ます。というのは、投資家は、その富を2つの危険資産に分散することによって、リスクを低下させることができるからです。分散投資によってリスクをどの程度低下させることができるかは、2つの危険資産の収益率の相関係数に依存しています。以下では、相関係数（ρ_{AB}）の大きさによって、3つの特殊ケースを考えましょう。

① $\rho_{AB} = 1$（正の完全相関）のケース

投資家は、株式 A100%、株式 B100%を結ぶ直線上のポートフォリオしか選択することができません。

② $\rho_{AB} = -1$（負の完全相関）のケース

投資家は、2つの危険資産を組み合わせて、安全資産を得ることも可能です。例えば、$E[R_A] = 2$, $\sigma_A^2 = 4$ のハイリスク・ハイリターン型の危険資産、$E[R_B] = 1$, $\sigma_B^2 = 1$ のローリスク・ローリターン型の危険資産を考えれば、

$$\sigma_P^2 = (3 \times E[R_P] - 4)^2$$

つまり、

$$\sigma_P = 3 \times E[R_P] - 4$$

となり、$E[R_P] = \frac{4}{3}$ のとき、$\sigma_P = 0$ です。ポートフォリオのリターンは、

$$E[R_P] = w \times E[R_A] + (1-w) \times E[R_B]$$

であるので、これに $E[R_P] = \frac{4}{3}$, $E[R_A] = 2$, $E[R_B] = 1$ を代入すると、$w = \frac{1}{3}$ を得ることができます。投資家は富の $\frac{1}{3}$ を株式 A に、富の $\frac{2}{3}$ を株式 B に分散投資すれば、ポートフォリオのリターンは $\frac{4}{3}$、リスクは0となります。

③ $-1 < \rho_{AB} < 1$（不完全相関）のケース

2つの危険資産の組み合わせのリターンとリスクは縦軸に対して凸の双曲線です。ただし、有効な点は、リスクを最小にする組み合わせよりも右上の部分になければなりません。ローリスク・ローリターン型危険資産は有効な点ではなく、投資家は株式 B の形ですべての富を保有することはありません。

$$E[R_p] = w_A \times E[R_A] + w_B \times E[R_B] \qquad \text{(ポートフォリオのリターン)}$$
$$\sigma_p^2 = w_A^2 \sigma_A^2 + w_B^2 \sigma_B^2 + 2w_A w_B \rho_{AB} \sigma_A \sigma_B \qquad \text{(ポートフォリオのリスク)}$$

上記 2 式の w_A, w_B を消去すると、リターン（$E[R_p]$）とリスク（σ_p^2）との次のような関係を得ることができる。

$$\sigma_p^2 = \left(\frac{E[R_p] - E[R_B]}{E[R_A] - E[R_B]} \right) (\sigma_A^2 + \sigma_B^2 - 2\rho_{AB}\sigma_A\sigma_B) + 2 \left(\frac{E[R_p] - E[R_B]}{E[R_A] - E[R_B]} \right)$$
$$(\rho_{AB}\sigma_A\sigma_B - \sigma_B^2) + \sigma_B^2$$

$\rho_{AB} = 1$ のとき、
$$E[R_p] = w_A \times E[R_A] + w_B \times E[R_B]$$
$$\sigma_p^2 = (w_A \sigma_A + w_B \sigma_B)^2$$
より、
$$\sigma_p = \frac{1}{(\sigma_A - \sigma_B)(E[R_A] - E[R_B])} E[R_p] + \sigma_B$$
$$- \frac{E[R_B]}{(\sigma_A - \sigma_B)(E[R_A] - E[R_B])}$$

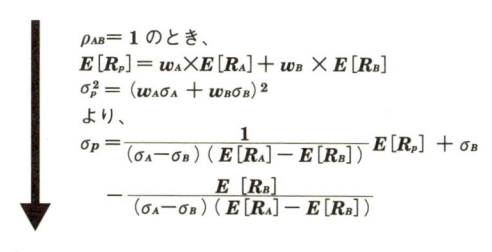

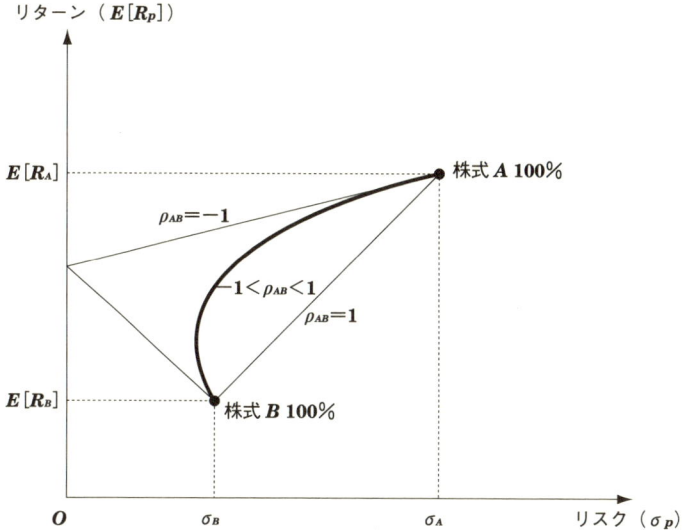

【知っておきましょう】 空売り

w がつねにプラスでなければならないのであれば、それは株式 A, B の「空売り」禁止を意味しています。株式を保有していないにもかかわらず、株式を売ることは「空売り」と呼ばれ、それは $w < 0$ あるいは $(1-w) < 0$ を意味します。たとえば、「初期資産の50％相当分、株式 B を空売りする」というのは、$(1-w) = -0.5$ を意味しています。

19 3つ以上の危険資産の組み合わせのリターンとリスク：効率的フロンティア

相関係数が$-1 < \rho < 1$のケースについて、3つの危険資産A, B, Cの投資機会集合を考えましょう。3つの危険資産A, B, Cから、それぞれ2つの危険資産を組み合わせたポートフォリオを作れば、投資機会集合は、曲線A—B, B—C, C—Aとなります。次に、3つの危険資産全部を組み合わせた投資機会集合は、曲線X—Yとなります。

効率的フロンティアは、投資機会集合のうち、外縁部の太線部分のことです。つまり、投資家は、投資機会集合のうち、同じリスクであれば最大のリターンをもつポートフォリオを選ぶでしょう。また、リスク回避型の投資家は、同じリターンであれば最小のリスクをもつポートフォリオを選ぶでしょう。

3つの危険資産（株式 A, B, C）の投資機会集合

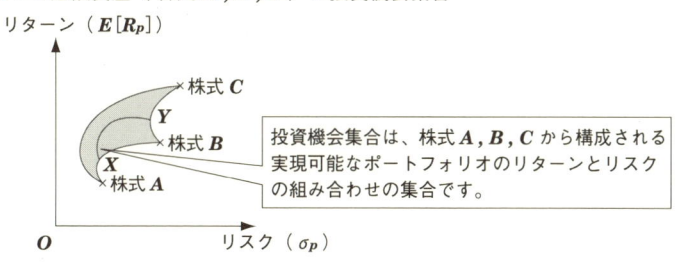

投資機会集合は、株式 A, B, C から構成される実現可能なポートフォリオのリターンとリスクの組み合わせの集合です。

n 個の危険資産の投資機会集合

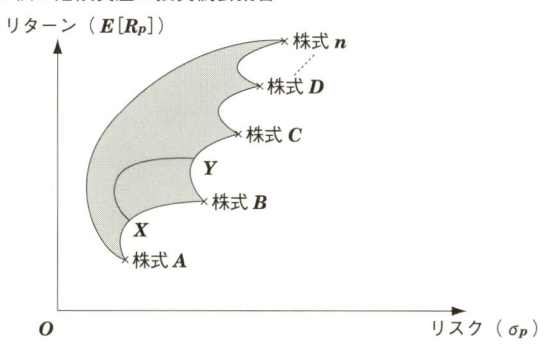

効率的フロンティア

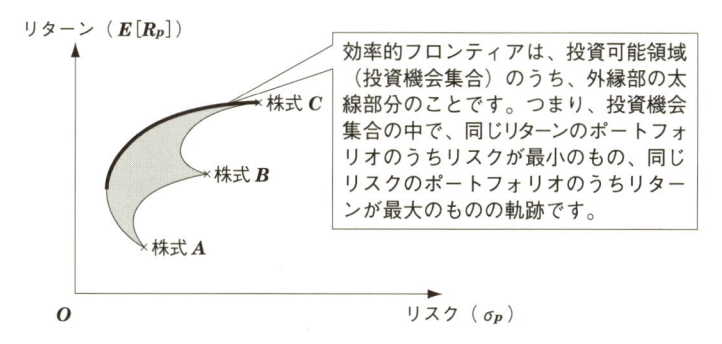

効率的フロンティアは、投資可能領域（投資機会集合）のうち、外縁部の太線部分のことです。つまり、投資機会集合の中で、同じリターンのポートフォリオのうちリスクが最小のもの、同じリスクのポートフォリオのうちリターンが最大のものの軌跡です。

20 安全資産と危険資産の組み合わせのリターンとリスク

R_A, R_B = 株式 A、株式 B の収益率

w_A, w_B = 株式 A、株式 B のポートフォリオの中に占める割合

σ_{AB} = 株式 A, B の収益率の共分散（☞ p.203）

ρ_{AB} = 株式 A, B の収益率の相関係数（☞ p.204）

$E[R_p]$ = ポートフォリオのリターン

σ_p^2 = ポートフォリオのリスク（分散）

とすると、2つの株式 A, B の組み合わせのリターンとリスクは、

$$E[R_p] = w_A \times E[R_A] + w_B \times E[R_B]$$

$$\sigma_p^2 = w_A^2 \times \sigma_A^2 + w_B^2 \times \sigma_B^2 + 2w_A w_B \sigma_{AB}$$

$$= w_A^2 \times \sigma_A^2 + w_B^2 \times \sigma_B^2 + 2w_A w_B \rho_{AB} \sigma_A \sigma_B$$

です。2つの危険資産（株式 A, B）の中の株式 B を、1つの安全資産 ($E[R_F], \sigma_F = 0$) に置き換え、「安全資産と危険資産（株式 A）の組み合わせのリターンとリスク」を求めましょう。

$$E[R_p] = w_A \times E[R_A] + w_F \times E[R_F] \quad （リターン）$$

$$\sigma_p^2 = w_A^2 \times \sigma_A^2 + w_F^2 \times \sigma_F^2 + 2w_A w_F \sigma_{AF}$$

$$= w_A^2 \times \sigma_A^2 + w_F^2 \times \sigma_F^2 + 2w_A w_F \rho_{AF} \sigma_A \sigma_F$$

$$= w_A^2 \times \sigma_A^2 \quad （リスク）$$

$$\sigma_p = w_A \times \sigma_A \quad （リスク）$$

であるので、$w_A + w_F = 1$ を考慮して、w_A, w_F を消去すると、

$$E[R_p] = \frac{E[R_A] - E[R_F]}{\sigma_A} \sigma_p + E[R_F]$$

が得られます。「$E[R_A] - E[R_F]$ = 危険資産のリターン－安全資産の金利」は「リスク・プレミアム」と呼ばれています。

$$E[R_p] = \frac{E[R_A] - E[R_F]}{\sigma_A} \sigma_p + E[R_F]$$

を、縦軸に $E[R_p]$、横軸に σ_p をとって図示すると、$E[R_F]$ が縦軸切片、$\frac{E[R_A] - E[R_F]}{\sigma_A}$ が傾きです。

2つの危険資産の組み合わせ（ポートフォリオ）のリターンとリスクは次のとおりです。

$E[R_P] = w_A \times E[R_A] + w_B \times E[R_B]$　　　（ポートフォリオのリターン）
$\sigma_p^2 = w_A^2 \times \sigma_A^2 + w_B^2 \times \sigma_B^2 + 2w_A w_B \rho_{AB} \sigma_A \sigma_B$　　（ポートフォリオのリスク）

同様にして、1つの安全資産（$E[R_F] > 0, \sigma_F = 0$）と1つの危険資産（$E[R_A]$, σ_A）の組み合わせ（ポートフォリオ）のリターンとリスクは以下のとおりです。

$E[R_P] = w_A \times E[R_A] + w_F \times E[R_F]$　　　（ポートフォリオのリターン）
$\sigma_p^2 = w_A^2 \times \sigma_A^2$　　　　　　　　　　（ポートフォリオのリスク）
$w_A + w_F = 1$

上記の3式の w_A, w_F を消去すると、リターン（$E[R_P]$）とリスク（σ_P）の関係を得ることができる。

$$E[R_P] = \frac{E[R_A] - E[R_F]}{\sigma_A} \sigma_P + E[R_F]$$

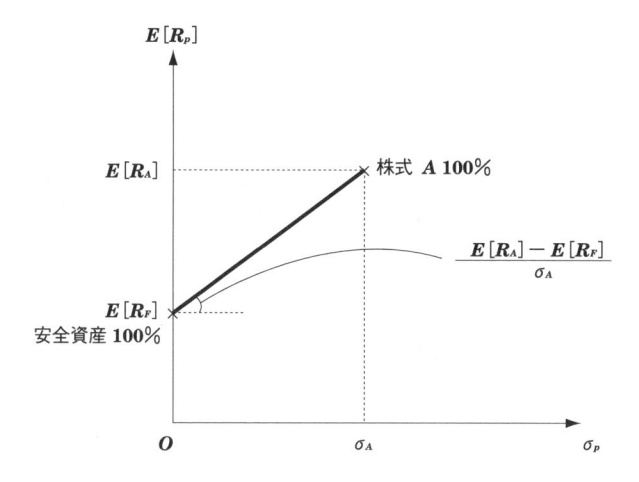

21 1つの安全資産と2つ以上の危険資産の組み合わせ：シャープ・レシオと資本市場線（CML）

ある投資家が、2つの危険資産（株式 A, B）からなる以下の①～③の3つのポートフォリオのうちのいずれかと、1つの安全資産（金利2％）を組み合わせたポートフォリオを保有しようと計画しています。①～③の3つのポートフォリオのうち安全資産と組み合わせたとき、最大のリターンが得られるものはどれでしょうか。

ポートフォリオ	投資比率		リターン	標準偏差
	株式 A	株式 B		
①	100%	0%	4.0%	5.00%
②	80%	20%	5.2%	6.20%
③	60%	40%	6.4%	9.09%

$-1 < \rho_{AB} < 1$（不完全相関）のケースでは、ポートフォリオ（株式 A, B の組み合わせ）のリターンとリスクの組み合わせは縦軸に対して凸形の双曲線です。2つの危険資産だけであれば、投資家は無差別曲線（等期待効用曲線）がこの双曲線と接するポートフォリオを選びます。ところが、2つの危険資産に、1つの安全資産が加わると、投資家は無差別曲線の形状（リターンとリスクに対する選好）にかかわりなく、「2つの危険資産の最適な組み合わせ（市場ポートフォリオ）」を必ず選択しなければなりません。すなわち、2つの危険資産だけのときは、投資家は株式 A, B の組み合わせについてあれこれと選択できたのに対し、2つの危険資産に、1つの安全資産が加わると、2つの危険資産の組み合わせについては、投資家は「市場ポートフォリオ（マーケットにおいて決定される株式 A, B のただ1つの組み合わせ）」しか選択できないことになります。

安全資産100％（縦軸の $E[R_F]$）から、凸形の双曲線に接線（資本市場線：CML）を引くと、接点ができます。この接点が「市場ポートフォリオ」であり、以下で定義される「シャープ・レシオ」が最大の点です。

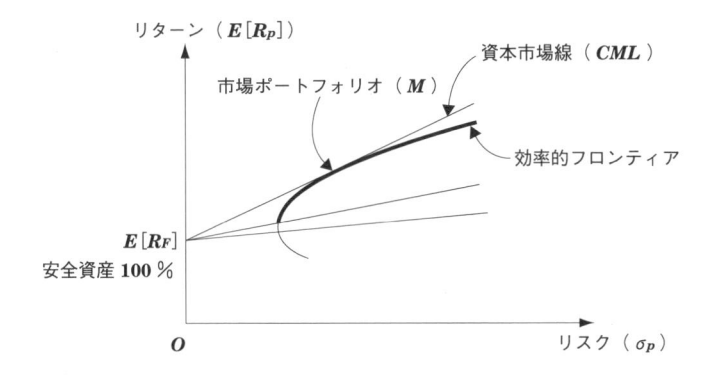

第1章 ポートフォリオ理論　49

```
リターン（E[R_p]）
                  資本市場線（CML）
      市場ポートフォリオ（M）
                        効率的フロンティア

E[R_F]
安全資産 100 %

O                       リスク（σ_p）
```

シャープ・レシオ

$$\text{シャープ・レシオ} = \frac{\text{ポートフォリオのリターン} - \text{安全資産のリターン}}{\text{ポートフォリオのリスク（標準偏差）}}$$

$$= \frac{\text{ポートフォリオのリスク・プレミアム}}{\text{ポートフォリオのリスク（標準偏差）}}$$

$$= \frac{E[R_p] - E[R_F]}{\sigma_p}$$

資本市場線（CML：Capital Market Line）

シャープ・レシオが最も大きいポートフォリオは市場ポートフォリオ（M）です。$E[R_F]$とMを結んだ直線は資本市場線（CML）と呼ばれています。

$$\text{シャープ・レシオ} = \frac{\text{ポートフォリオのリターン} - \text{安全資産の金利}}{\text{ポートフォリオのリスク（標準偏差）}}$$

①～③の3つのポートフォリオのシャープ・レシオは、

① : $\frac{4.0 - 2.0}{5.0} = 0.40$

② : $\frac{5.2 - 2.0}{6.2} \fallingdotseq 0.52$

③ : $\frac{6.4 - 2.0}{9.09} \fallingdotseq 0.48$

であるので、最大のリターンが得られるもの（市場ポートフォリオ）は②です。市場ポートフォリオは負担するリスク1単位当たりに対して、リスク・プレミアムが最大になっています。

22 トービンの「分離定理」

　2つ以上の危険資産に、1つの安全資産を加えたポートフォリオの最適構成を考えましょう。投資家は多数の危険資産と1つの安全資産の組み合わせをあれこれと考えなければならないのでしょうか。$-1 < \rho < 1$（不完全相関）のケースでは、多数の危険資産だけの組み合わせのリターンとリスクの組み合わせは、縦軸に対して凸形の投資機会集合であり、投資機会集合のうち外縁部の太線部分が効率的フロンティアです。多数の危険資産だけであれば、投資家は無差別曲線が効率的フロンティアと接するポートフォリオを選びます。ところが、多数の危険資産に、1つの安全資産が加わると、投資家は無差別曲線の形状にかかわりなく、「多数の危険資産の最適な組み合わせ（市場ポートフォリオ）」を必ず選択しなければなりません。すなわち、多数の危険資産だけのときは、投資家は株式 $A, B, C, \cdots$ の組み合わせについてあれこれと選択できたのに対し、多数の危険資産に、1つの安全資産が加わると、多数の危険資産の組み合わせについては、「市場ポートフォリオ（マーケットにおいて決定される株式 $A, B, C, \cdots$ のただ1つの組み合わせ）」しか選択できないことになります。安全資産100%（縦軸の $E[R_F]$）から、凸形の効率的フロンティアに接線（資本市場線：CML）を引くと、接点ができます。この接点が市場ポートフォリオであり、シャープ・レシオ（☞ p.48）が最大の点です。

　投資家の最適ポートフォリオは、この資本市場線と無差別曲線が接する点に対応して決定されます。最適ポートフォリオ点では、「市場ポートフォリオ」と安全資産に投資されます（最適ポートフォリオ点が市場ポートフォリオ点の右上の部分に位置するときは、安全資産を負の比率で保有（借入）することを意味しています）。かくて、危険資産相互の最適構成比率（市場ポートフォリオ）の決定が投資家の無差別曲線の形状（リターンとリスクに対する選好）とかかわりなく決定され、市場ポートフォリオの決定と、市場ポートフォリオと安全資産との最適構成比率の決定が分離して行われることは「分離定理」と呼ばれています。

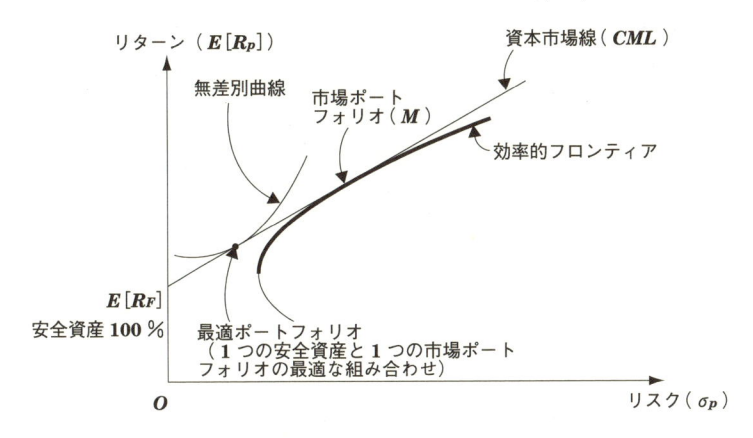

第1章 ポートフォリオ理論 51

図中のラベル:
- リターン ($E[R_p]$)
- 無差別曲線
- 市場ポートフォリオ (M)
- 資本市場線 (CML)
- 効率的フロンティア
- $E[R_F]$ 安全資産 100％
- 最適ポートフォリオ（1つの安全資産と1つの市場ポートフォリオの最適な組み合わせ）
- リスク (σ_p)

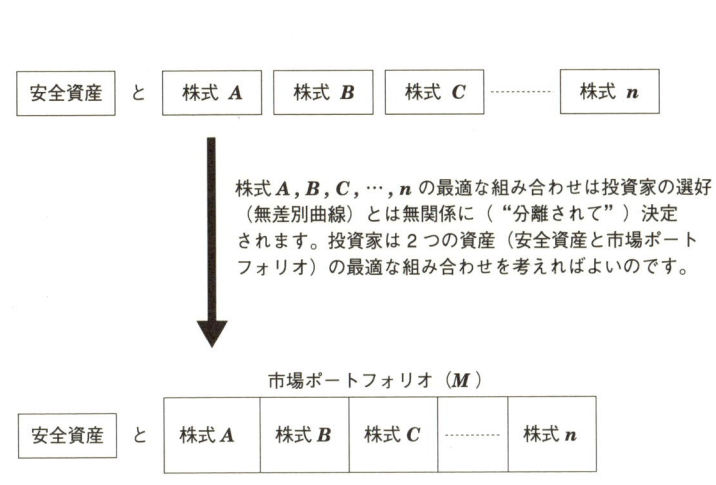

```
安全資産 と | 株式 A | 株式 B | 株式 C | ……… | 株式 n |
```

↓ 株式 $A, B, C, \cdots, n$ の最適な組み合わせは投資家の選好（無差別曲線）とは無関係に（"分離されて"）決定されます。投資家は2つの資産（安全資産と市場ポートフォリオ）の最適な組み合わせを考えればよいのです。

市場ポートフォリオ (M)

```
安全資産 と | 株式 A | 株式 B | 株式 C | ……… | 株式 n |
```

第1部　投資の理論

第2章　CAPM(資本資産評価モデル)

　ニッポン放送株のリターン（収益率の期待値）とリスク（収益率の標準偏差）を計算することはできますが、ニッポン放送株のリターンとリスクは、フジテレビジョン、ライブドアあるいは個人投資家のいずれにとっても同じでしょうか。ニッポン放送株そのもののリターンとリスクはいずれの経済主体にとっても同じですが、ニッポン放送株を取得したことによるリターンとリスクは、フジ、ライブドアあるいは個人投資家がそれぞれすでにどんな株式銘柄を保有しているのか、あるいはそれぞれどんな事業を行っているのかによって異なります。本章のCAPM（Capital Asset Pricing Model：資本資産評価モデル）は、まさにフジ、ライブドアあるいは個人投資家がニッポン放送株を取得したことによるリターンとリスクを明らかにしています。

　2005年3月18日、大和証券大阪梅田支店で「Quickサービス」を利用して、ニッポン放送、ライブドア、フジテレビジョンの「対指数ベータ値」を調べてもらいました。結果は次のとおりでした。

ニッポン放送の対指数ベータ値

QUICK Corp.
2005/03/18 14:10:00
P.1

4660/T	ニッポン放送 P	6430↑	−60（14:09）	251.18千株	東証2部	解説ヘルプ
5日移動平均	6788	−4.39%	RSI	51.31	対指数ベータ値	決定係数
25日移動平均	6688	−2.96%	ストキャスティック F	42.56	日経平均　90日	−0.38　0.006
100日移動平均	5580	+16.30%	ストキャスティック S	58.66	180日	0.23　0.004
200日移動平均	5459	+18.88%	サイコロジカル	41.67	日経300　90日	−0.21　0.001
13週移動平均	5074	+6.84%	ボリューム・レシオ	104.19	180日	0.39　0.010
26週移動平均	5511	+17.76%			TOPIX　90日	−0.24　0.001
短期ゴールデンクロス	6500	(05/3/16)	連PER	39.0	180日	0.40　0.010
デッドクロス	6330	(05/3/8)	PER	999.9		
長期ゴールデンクロス	5960	(05/1/28)	PBR	3.70	売買高5日MA	670.116千株
デッドクロス	5160	(04/8/23)	連ROE	2.04	時価総額	210,904百万円
LH	20710	(00/2/15)	利回り	0.09	マネーフロー	273.8521百万円
LL	2300	(03/3/19)	益回り	0.08		

23 CAPMの式の導出

　CAPM（キャップエム）は、新旧のポートフォリオを比較することにより、株式 i が、ポートフォリオにもたらすリターンとリスクの影響を評価するアプローチです。つまり、CAPM は、個別の株式のリターンとリスクを評価するために、実際に個別の株式を現在のポートフォリオに組み入れ、新しいポートフォリオを作るところから生まれたものです。数値例を用いながら、CAPM の式がどのようにして導出されるのかを説明しましょう。

　現在のポートフォリオの時価は100万円であり、日経平均225種採用の全銘柄から構成されているとします。いまリスクフリー・レート（r_f）で10万円を借り入れ、この10万円で、日経平均225種には採用されていない株式 i を新規購入し、新しいポートフォリオを作ったとしましょう。

r_i ＝ 株式 i の収益率

r_f ＝ リスクフリー・レート

r_N ＝ 新しいポートフォリオの収益率

r_O ＝ 現在のポートフォリオの収益率

$w_i = \dfrac{\text{株式 } i \text{ の新規購入額}}{\text{現在のポートフォリオの時価総額}}$

とおけば、株式 i がポートフォリオにもたらす追加リターンと追加リスクはそれぞれ以下のようにして求められます。

(1) **株式 i がポートフォリオにもたらす追加リターン**

$$100(1+r_N) = 100(1+r_O) + 10(1+r_i) - 10(1+r_f)$$

が成立するので、整理すると、

$$100r_N = 100r_O + 10(r_i - r_f)$$

であり、さらに両辺を100で割ると、

$$r_N = r_O + \frac{10}{100}(r_i - r_f)$$

が得られます。$\frac{10}{100}$ は w_i の数値例であるので、上記の式は、より一般的に、

$$r_N = r_O + w_i(r_i - r_f)$$

と書かれ、両辺の数学的期待値をとると、

$$E[r_N]-E[r_o] = w_i(E[r_i]-r_f)$$

が得られます。

(2) **株式 i がポートフォリオにもたらす追加リスク**

$$r_N = r_o + w_i(r_i - r_f)$$

について、分散の演算公式、

$$Var(aX+bY) = a^2 Var(X) + 2ab Cov(X, Y) + b^2 Var(Y)$$

を用いて、新しいポートフォリオの収益率の分散 $[Var(r_N)]$ を求めると、

$$Var(r_N) = Var(r_o) + 2w_i Cov(r_o, r_i - r_f) + w_i^2 Var(r_i - r_f)$$

であり、r_f（リスクフリー・レート）は一定であるので、

$$Var(r_N) = Var(r_o) + 2w_i Cov(r_o, r_i) + w_i^2 Var(r_i)$$

が得られます。数値例では $w_i = \dfrac{10}{100} = 0.1$ですが、$w_i$ が十分に小さければ、$w_i^2 Var(r_i)$ の値は無視できるほど小さいものとみなすことができ、上式は、

$$Var(r_N) - Var(r_o) \fallingdotseq 2w_i Cov(r_o, r_i)$$

となります。

かくて、株式 i がポートフォリオにもたらす追加リターンと追加リスクはそれぞれ、

$$E[r_N]-E[r_o] = w_i(E[r_i]-r_f) \quad （追加リターン）$$

$$Var(r_N) - Var(r_o) \fallingdotseq 2w_i Cov(r_o, r_i) \quad （追加リスク）$$

です。株式 i がポートフォリオにもたらす追加リターンを追加リスクで割ったものは「スワップレシオ」と呼ばれ、

$$\text{スワップレシオ} = \frac{E[r_N]-E[r_o]}{Var(r_N) - Var(r_o)} = \frac{w_i(E[r_i]-r_f)}{2w_i Cov(r_o, r_i)}$$

$$= \frac{E[r_i]-r_f}{2 Cov(r_o, r_i)}$$

です。スワップレシオは、個別の株式を現在のポートフォリオに組み入れ、新しいポートフォリオを作ったときの、追加リターンと追加リスクのバランスを表す指標であり、スワップレシオが異なる株式 i, j の2つの銘柄があれば、ポートフォリオの組み替えが行われます。というのは、スワップレシオの低い銘柄を売って、高い銘柄を買えば、同じリターンでより低いリスクをもつ（また

は、同じリスクでより高いリターンをもつ）ポートフォリオを作ることができるからです。

　ポートフォリオが最適化するための条件は、現在のポートフォリオに新たに組み入れる株式 i のスワップレシオと、現在のポートフォリオのスワップレシオが一致することです。つまり、

$$\frac{E[r_i]-r_f}{2Cov(r_0, r_i)} = \frac{E[r_0]-r_f}{2Cov(r_0, r_0)}$$

です。ここで、$Cov(r_0, r_0) = Var(r_0)$ であるので、

$$\frac{E[r_i]-r_f}{Cov(r_0, r_i)} = \frac{E[r_0]-r_f}{Var(r_0)}$$

であり、両辺に $Cov(r_0, r_i)$ を掛けて、整理すると、

$$E[r_i]-r_f = \frac{Cov(r_0, r_i)}{Var(r_0)}(E[r_0]-r_f)$$

が得られます。$\frac{Cov(r_0, r_i)}{Var(r_0)}$ は「株式 i のベータ（β_i）」と呼ばれ、それは「株式 i のベータ・リスク」を表しています。かくて、

$$E[r_i] = r_f + \beta_i(E[r_0]-r_f)$$

です。現在のポートフォリオは日経平均225種採用の全銘柄から構成されている、つまり「市場ポートフォリオ」であるので、r_0（現在のポートフォリオの収益率）の代わりに、r_M（市場ポートフォリオの収益率）を用いると、

$$E[r_i] = r_f + \beta_i(E[r_M]-r_f)$$

が得られます。この式こそが「CAPM（キャップエム）の式」と呼ばれているものです。ここで、

　　r_i ＝ 株式 i の収益率
　　r_f ＝ リスクフリー・レート
　　$\beta_i = \dfrac{Cov(r_M, r_i)}{Var(r_M)}$ ＝ 株式 i のベータ・リスク
　　r_M ＝ 市場ポートフォリオの収益率

であり、

　　$E[r_i]-r_f$ ＝ 株式 i のリスク・プレミアム
　　$E[r_M]-r_f$ ＝ マーケットリスク・プレミアム

です。

r_i = 第 i 銘柄（たとえば、ソフトバンク）の収益率
r_f = 安全資産の利子率（リスクフリー・レート）
r_N = 新しいポートフォリオの収益率
r_M = 現在のポートフォリオ（市場ポートフォリオ）の収益率
$w_i = \dfrac{\text{第 } i \text{ 銘柄の新規購入額}}{\text{現在のポートフォリオの時価総額}}$（ここでは $\dfrac{10}{100}=0.1$）

現在のポートフォリオ：100万円　　借入：10万円

日経平均225種
(r_M)

＋

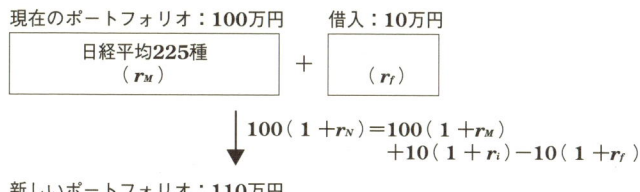

(r_f)

↓ $100(1+r_N) = 100(1+r_M) + 10(1+r_i) - 10(1+r_f)$

新しいポートフォリオ：110万円

日経平均225種	ソフトバンク
(r_M)	(r_i)

第 i 銘柄がポートフォリオにもたらす追加リターンと追加リスク

$$E[r_N] - E[r_M] = w_i(E[r_i] - r_f) \quad \text{（追加リターン）}$$
$$Var(r_N) - Var(r_M) \fallingdotseq 2w_i Cov(r_M, r_i) \quad \text{（追加リスク）}$$

〈スワップレシオ〉

$$\text{スワップレシオ} = \dfrac{E[r_N] - E[r_M]}{Var(r_N) - Var(r_M)} = \dfrac{E[r_i] - r_f}{2Cov(r_M, r_i)}$$

ポートフォリオが最適化するための条件

$$\dfrac{E[r_i] - r_f}{2Cov(r_M, r_i)} = \dfrac{E[r_M] - r_f}{2Cov(r_M, r_M)}$$

↓

$$E[r_i] = r_f + \dfrac{Cov(r_M, r_i)}{Var(r_M)}(E[r_M] - r_f)$$

↓

$$E[r_i] = r_f + \beta_i(E[r_M] - r_f) \quad \text{（CAPM の式）}$$

24 CAPMの意義

CAPMの式を用語で書けば、
株式iのリスク・プレミアム $= \beta_i \times$（マーケットリスク・プレミアム）
です。右ページの例証で、CAPMの式の意義を説明しましょう。

(1) 株式iのリスク・プレミアム：$E[r_i]-r_f$

リスク回避型の個人が5％のリターンの安全資産でなく、株式iを選ぶには、株式iのリターンはいくらでなければならないのでしょうか。

$E[r_A]-5 = 10-5 = 5\%$

$E[r_B]-5 = 20-5 = 15\%$

で求められる5％、15％は「安全資産の金利にいくら上乗せすれば、つまりいくらプレミアムをつければ、リスク回避型の個人は、株式iと安全資産を同じであると感じるようになるか」をそれぞれ示しています。

(2) マーケットリスク・プレミアム：$E[r_M]-r_f$

$E[r_M]-5 = 15-5 = 10\%$

で求められる10％は「安全資産の金利にいくら上乗せすれば、つまりいくらプレミアムをつければ、リスク回避型の個人は、市場ポートフォリオと安全資産を同じであると感じるようになるか」を示しています。

(3) 株式iのベータ・リスク：β_i

市場ポートフォリオ（例えば、日経平均）のリターンは「株式市場全体の地合い」を示すものであり、日経平均が上がれば「地合いが良い」、下がれば「地合いが悪い」とそれぞれ呼ばれています。地合いが良いときには株式iのリターンは上昇しやすいし、地合いが悪いときには株式iのリターンは下落しやすいでしょう。株式iの株価は「日経平均株価と同じくらい上昇する」「日経平均株価以上に上昇する」「日経平均株価ほどには上昇しない」（下落も同じ）のいずれかですが、日経平均のリターンをメルクマールとして、株式iのリターンの「市場ポートフォリオに対する感応度」を見ようとするのが「ベータ・リスク」です。株式iのベータ・リスク（β_i）は、$E[r_i]-r_f = \beta_i \times$

$(E[r_M]-r_f)$ より、

$$E[r_A]-5 = 10-5 = \beta_A \times (E[r_M]-5) = \beta_A \times (15-5)$$
$$E[r_B]-5 = 20-5 = \beta_B \times (E[r_M]-5) = \beta_B \times (15-5)$$

であるので、$\beta_A = 0.5, \beta_B = 1.5$が得られます。$\beta_A = 0.5$は株式$A$が「日経平均株価ほどには上昇せず、日経平均株価の上昇率の$\frac{1}{2}$しか上昇しない」、$\beta_B = 1.5$は株式Bが「日経平均株価以上に上昇し、日経平均株価の上昇率の1.5倍上昇する」(下落も同じ) ということをそれぞれ意味しています。

シナリオ	シナリオ生起確率	市場ポートフォリオの収益率 (r_M)	株式Aの収益率 (r_A)	株式Bの収益率 (r_B)
好景気	0.5	65	35	95
不景気	0.5	−35	−15	−55
リターン (期待収益率)		15	10	20
リスク・プレミアム		10	5	15

(注) リスク・プレミアム＝リターン−安全資産の利子率 (5％)

$$E[r_i] = r_f + \beta_i(E[r_M]-r_f) \quad (\text{CAPM の式})$$

市場ポートフォリオ：$15 = 5 + \beta_M(15-5)$ より $\beta_M = 1$
株式A　　　　　：$10 = 5 + \beta_A(15-5)$ より $\beta_A = 0.5$
株式B　　　　　：$20 = 5 + \beta_B(15-5)$ より $\beta_B = 1.5$

	市場ポートフォリオ	株式A	株式B
リターン (期待収益率)	15	10	20
リスク・プレミアム	10	5	15
ベータ (ベータ・リスク)	1	0.5	1.5

25 ベータ・リスクとリターンの関係：証券市場線（SML）

CAPM の式は、

$$E[r_i] = r_f + \beta_i \times (E[r_M] - r_f)$$

であり、これを縦軸に株式 i のリターン（$E[r_i]$）、横軸に株式 i のベータ・リスク（β_i）をとって図示したものは「証券市場線（SML）」と呼ばれています。縦軸切片は安全資産の利子率（r_f）、傾きはマーケットリスク・プレミアム（$E[r_M] - r_f$）です。

CAPM の式はポートフォリオの最適化条件から導出されたものであり、それは株式 i のリターンとリスクのバランスが、市場ポートフォリオのリターンとリスクのバランスと一致していることを意味しています。証券市場線は、株式 i のベータ・リスクがこれこれの大きさだと、ポートフォリオの最適化のためには、これこれのリターンが必要であることを示しています。つまり、個人が、現在のポートフォリオに株式 i を追加しようとするとき、その銘柄が満たしておかなければならない、リターンとリスクのバランスを示しています。株式 i が株式 A のようにローリスク（$\beta_A = 0.5$）のときはローリターン（$E[r_A] = 10\%$）でよいが、株式 B のようにハイリスク（$\beta_B = 1.5$）のときはハイリターン（$E[r_B] = 20\%$）でなければなりません。

業種別 β（1993年7月〜1998年6月の60カ月実績値）

業　種	β	企　業	β
電気・ガス業	0.38	東京電力	0.46
食料品	0.80	キリンビール	0.89
建設業	1.08	清水建設	1.30
鉄鋼	1.19	新日本製鉄	1.01
銀行業	1.24	東京三菱銀行	1.15
証券業	1.59	野村證券	1.32

出所：グロービス・マネジメント・インスティテュート『MBAファイナンス』の図表3-11より転載。

第 2 章 CAPM（資本資産評価モデル） 61

【こんな問題に出会ったら】
　CAPMに関する次の記述のうち、正しいものはどれですか。
① ベータ値が1の資産のリターンは安全利子率に等しい。
② ベータ値はマイナスにはならない。
③ ベータ値がマイナスの資産のリターンは安全利子率より低い。
④ ベータ値がゼロの資産のリターンは市場ポートフォリオのリターンに等しい。

① 誤り
　$\beta_i = 1$のとき、$E[r_i] = r_f + \beta_i \times (E[r_M] - r_f) = E[r_M]$です。
② 誤り
　$\beta_i = \dfrac{Cov(r_M, r_i)}{Var(r_M)}$ と定義され、$Cov(r_M, r_i) = \rho_{Mi}\sigma_M\sigma_i$ であるので、$\beta_i = \dfrac{\rho_{Mi}\sigma_M\sigma_i}{\sigma_M^2} = \dfrac{\rho_{Mi}\sigma_i}{\sigma_M}$ です。$-1 \leq \rho_{Mi} < 0$のとき、$\beta_i < 0$です。
③ 正しい
　$E[r_M] - r_f > 0$ であるので、$\beta_i < 0$のとき、$E[r_i] - r_f = \beta_i \times (E[r_M] - r_f) < 0$、つまり $E[r_i] < r_f$ です。
④ 誤り
　$\beta_i = 0$のとき、$E[r_i] = r_f + \beta_i \times (E[r_M] - r_f) = r_f$ です。

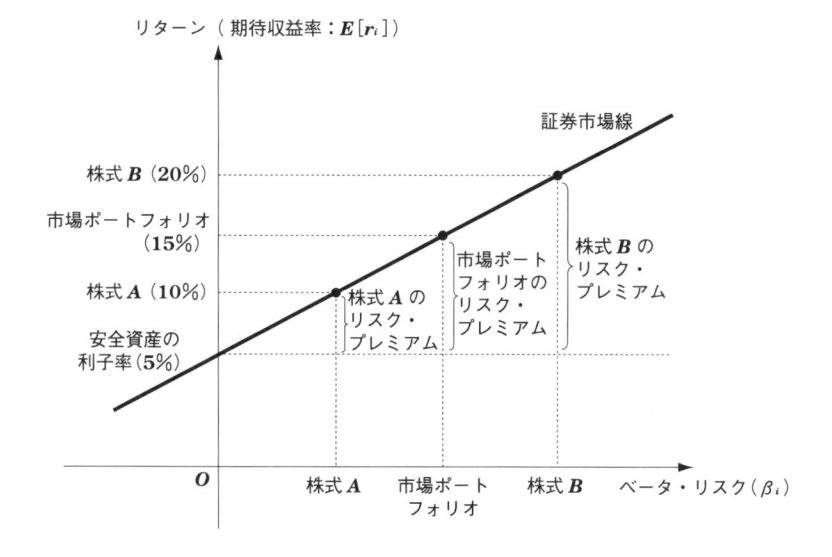

第1部　投資の理論
第3章　ファンドのパフォーマンスの評価と効率的市場仮説

「投資信託の基準価額」とは、ファンドの純資産総額（投資信託に組み入れられている公社債・株式などをすべてその日の時価で評価し、債券の利息や株式の配当金などの収入を加えて出した資産総額から運用・管理に必要な費用等の負債を差し引いたもの）をそのときの受益権口数（残存総口数）で除して求めた、「一口当たりの純資産額」のことです。基準価額は、投資信託を購入・売却する際のベースとなるもので、当日の夕刻に算出され、翌日に新聞掲載されます。このようなファンドのパフォーマンスはどのようにして評価されるのでしょうか。

26 ファンドのパフォーマンスの要因分析：アロケーション要因と銘柄選択要因

資金運用の結果を評価するための基準は「ベンチマーク」と呼ばれています。

w_{iA} ＝ 実際のファンドにおける第 i 証券への投資比率

w_{iB} ＝ ベンチマーク・ファンドにおける第 i 証券への投資比率

R_{iA} ＝ 実際のファンドにおける第 i 証券の収益率

R_{iB} ＝ ベンチマーク・ファンドにおける第 i 証券の収益率

とすると、ファンドのパフォーマンスを、

① アロケーション要因

② 銘柄選択要因

③ その他要因

に分けることができます。

アロケーション要因 ＝ $(w_{iA} - w_{iB}) \times R_{iB}$

銘柄選択要因 ＝ $w_{iB} \times (R_{iA} - R_{iB})$

としてそれぞれ計算され、①,②,③の合計は「超過収益率」と呼ばれています。

【知っておきましょう】　アロケーションとポートフォリオ

「米国のある調査では、長期投資のリターンの90％は資金配分（アロケーション）で決まり、銘柄選別（ポートフォリオ）によって決まるのはわずか10％にすぎない」と言われ、「アロケーション」と「ポートフォリオ」が区別されています。年金基金の中の債券、株式などの投資比率はアロケーションの問題、株式の中のトヨタ、新日鉄などの投資比率はポートフォリオの問題とされています。

資金運用の結果を評価するための基準は「ベンチマーク」と呼ばれています。
w_{iA} ＝ 実際のファンドにおける第 i 証券への投資比率
w_{iB} ＝ ベンチマーク・ファンドにおける第 i 証券への投資比率
R_{iA} ＝ 実際のファンドにおける第 i 証券の収益率
R_{iB} ＝ ベンチマーク・ファンドにおける第 i 証券の収益率

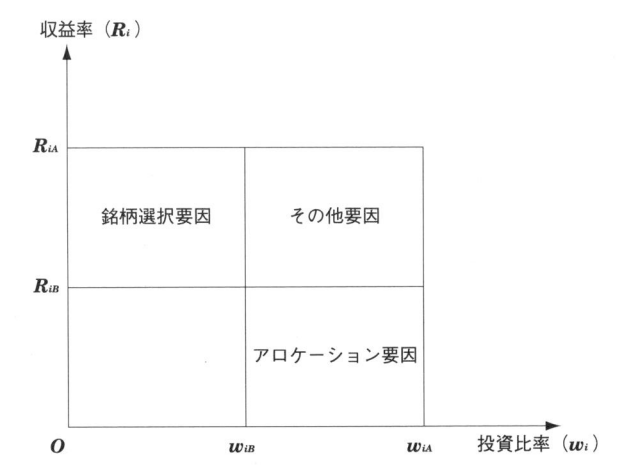

```
         収益率（R_i）
              │
              │
      R_iA ───┼────────┬────────┐
              │ 銘柄選択要因 │ その他要因 │
              │        │        │
      R_iB ───┼────────┼────────┤
              │        │        │
              │        │ アロケーション要因 │
              │        │        │
         O ───┴────────┴────────┴─── 投資比率（w_i）
                      w_iB     w_iA
```

アロケーション要因 ＝ $(w_{iA} - w_{iB}) \times R_{iB}$
銘柄選択要因 ＝ $w_{iB} \times (R_{iA} - R_{iB})$

27 効率的市場仮説：新情報に対する株価の反応

株式投資は将来の見通しに基づいて行われるので、株価を決定しているのは「予想」です。予想は、利用可能なさまざまな情報に基づいて形成されるので、株価は、投資家が利用する情報によって決定されるとみなすことができます。予想形成において情報が有効に利用されることは「（情報に関して）効率的である」と言われ、現在までに発生している有用な情報が正確に、かつ速やかに株価に反映される市場は「（情報に関して）効率的な市場（informationally efficient market）」と呼ばれています。

現実に存在している株式市場が「（情報に関して）効率的な市場である」と考えるのが「効率的市場仮説」であり、ファーマ（E.Fama）は、「（情報についての）効率性」の概念を「ウィーク型」「セミストロング型」「ストロング型」の3つに分類しています。

新情報の範囲と3つの効率性

新情報の範囲	効率性	将来の株価の予測
過去の株価推移	ウィーク型の効率性	「現在の株価には、過去の株価推移がすべて反映されている」ので、過去の株価推移から将来の株価を予測することはできない。
企業情報のうち公開されている情報	セミストロング型の効率性	「現在の株価には、公開されている情報がすべて反映されている」ので、公開されている情報から将来の株価を予測することはできない。
未公開情報を含めたすべての情報	ストロング型の効率性	「現在の株価には、未公開情報を含めたすべての情報がすべて反映されている」ので、インサイダー情報からも将来の株価を予測することはできない。

【知っておきましょう】　アノマリー
　「アノマリー」は証券市場において見られる一定の規則性で、その理由がまだ不明なもののことです。

【知っておきましょう】　パッシブ運用とアクティブ運用

「パッシブ運用」は、証券市場は効率的であると考えて、市場平均並のパフォーマンスを目標とする運用法です。インデックス・ファンドはパッシブ運用の典型です。「アクティブ運用」は、証券市場は非効率的であると考えて、市場平均を上回るパフォーマンスを目標とする運用法です。

新情報に対する株価の反応

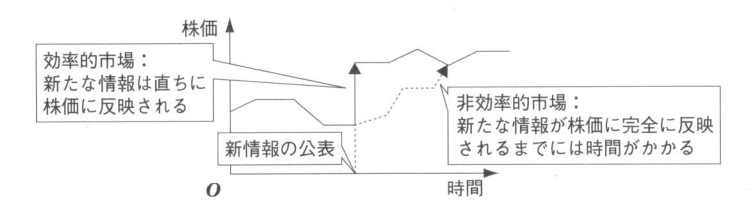

効率的市場：
新たな情報は直ちに株価に反映される

新情報の公表

非効率的市場：
新たな情報が株価に完全に反映されるまでには時間がかかる

株価／時間／O

【こんな問題に出会ったら】

2007年3月期の業績予想が2006年3月末に公表されたと仮定する。M社の株価が翌4月の最初の営業日に10,620円に急落し、その後しばらく新情報もなくその水準近辺で推移していたと仮定する。2006年4月に成立した株価の始値は、株式市場の効率性の3つのタイプのうちどのタイプと整合的か。

タイプは「セミストロング型の効率性」（答え）です。セミストロング型の効率的市場仮説は、株価は、企業情報のうち一般に公開されている利用可能な情報のすべて（例えば財務情報）を同時に織り込んで形成されるとする仮説です。この場合、企業の公開情報を用いるファンダメンタル分析を行っても、市場平均を上回るパフォーマンスを上げることはできません。

第1部 投資の理論
第4章　債券投資

　金融商品は、決済性の有無（決済勘定資産と投資勘定資産）、安全性（安全資産と危険資産）、発生形態（間接証券と本源的証券）、取引形態（市場取引型資産と相対取引型資産）、といった4つの基準に照らして、次のように類型化することができます。

金融商品の分類

機　能	決済勘定資産			投資勘定資産			
予見性	安全資産					危険資産	
発生形態	間接証券					本源的証券	
取引形態	市場取引型	相対取引型				市場取引型	相対取引型
金融資産の具体的例示	現金	要求払預金、通常郵便貯金	定期性預金、**CD**定額郵便貯金、貸付信託、保険	証券投資信託、外貨預金、ヒット、変額保険		債券、株式、**CP**	縁故債券

（資料）日本銀行金融研究所編『わが国の金融制度（新版）』日本銀行金融研究所、1995年、**p.427**

「決済勘定資産」とは、資金運用手段だけでなく、決済手段（一般的交換手段・支払手段）としても利用される金融商品です。「投資勘定資産」とは決済勘定資産以外のすべての金融商品です。「安全資産」は収益率の分散がゼロである（収益率が確実である）金融商品、「危険資産」は収益率の分散がゼロでない（収益率が不確実である）金融商品です。「間接証券」とは金融仲介機関の負債として供給される金融商品、「本源的証券」ないし「直接証券」とは最終的借手の負債として供給される金融商品です。「市場取引型資産」は不特定多数の投資家を対象に発行された転売可能な金融商品、「相対取引型資産」は貸手と借手との間の相対（あいたい：一対一）の契約によって発生し、転売に制限が課されている金融商品です。

　金融商品を買うときには、まず金融商品の性質を正しく知らなければなりません。金融商品を判断するための基準には、「安全性」「流動性」「収益性」の3つがありますが、「3つの基準のすべてが優れている金融商品はない」ということに留意しなければなりません。あちら立てれば、こちら立たずで、例えば収益性の高い金融商品は往々にして安全性が低かったりします。

28 債券の種類

　債券（公社債）は、国、地方公共団体、企業などが投資家から資金調達を行うために発行する債務証書（いわば借用証書）です。公社債は、発行体の違いによって、国、地方公共団体および公共機関等の発行する「公共債」、民間企業の発行する「民間債」、外国の政府・政府関係機関、事業会社の発行する「外国債」に大別され、さらに公共債は「国債」「地方債」「政府関係機関債」に、民間債は一部の金融機関の発行する「金融債」、一般事業法人の発行する「事業債（社債）」にそれぞれ分けられます。公共債・民間債は居住者がわが国において発行する円建ての債券（国内債）であり、居住者が海外市場において発行する債券および非居住者が発行する円建て債券は「外国債」と呼ばれています。

　発行体は、発行時に定めた条件に基づき、償還日（返済の最終期日）までの期間中は定期的に利息（クーポン）を支払うほか、満期日（償還日）に額面金額で償還（返済）することを約束しています。満期以前の換金は売却によって行うことができますが、途中換金は、時々刻々と変化する市場価格によるのが原則です。ですから、市場価格の変動に伴って、購入時点の価格よりも、値上がりしていることもあれば、値下がりしていることもあります。

【知っておきましょう】　利付債と割引債

　公社債は、利払い方式によって、利付債（りつきさい）と割引債に分けられます。「利付債」は、券面に利払いのための利札（りふだ：クーポン）が付いていて、一定期間ごとに利払いを受けられます。利付債は、発行される時に決められた金利（利率）が満期まで変わることなく支払われる「固定金利（確定利付）債」が一般的ですが、その時々の市場金利に連動して利率が変わる「変動利付債」もあります。「割引債」は、券面に利札がなく、購入時に額面金額から利息相当額（割引料）を差し引いた価格で発行され、満期時に額面金額で償還されます。

【知っておきましょう】　発行市場・流通市場と公募発行・私募発行

債券市場には、発行市場と流通市場があります。債券発行方式には、公募発行と私募（非公募）発行があります。公募発行は不特定多数を対象として広く投資家を募集する方式であり、私募発行は特定少数の投資家を対象とする方式です。公募発行の場合には、引受会社（通常は証券会社）が市場の実勢を反映した発行条件を決定して、不特定多数の投資家に対して債券を販売します。債券流通市場の取引のほとんどは店頭市場で行われています。ただし、国債などの一部の債券は証券取引所に上場されています。

公共債	国債	利付国債	中期国債	2～4年
			長期国債	6・10年
			超長期国債	20年
		割引国債		5年
	公募地方債			10年
	政府保証債			10年
民間債	普通社債			2～20年など
	転換社債			2～15年
	新株引受権付社債			4～15年
	金融債	利付金融債		5年（東京三菱銀行債のみ3年）
		割引金融債		1年
外国債	円建外債			
	外貨建外債			

（資料）証券広報センター「債券の基礎知識」

29 国債

　国債は、国が発行する債券で、毎年度国会の議決を得た範囲内で一般会計の財源調達および国債償還資金調達のために発行されています。国債は、発行目的を基準として、歳入の調達を目的とする「歳入債」、日々の国庫資金繰りの安定化を目的とする「融通債」、当座の支出に代えて発行される「繰延債」（政府短期証券）に大別されます。歳入債は、さまざまな歳出需要を賄うための歳入調達を目的として発行される国債の総称であり、通常「国債」という場合は、この歳入債のことです。

> 【知っておきましょう】　発行根拠法による分類
> 　歳入債については、発行根拠法を基準として、財政法第4条に基づき政府の公共事業遂行のために発行される「建設国債」または「4条国債」、単年度立法の特例公債法により一般会計の赤字補填のために発行される「特例国債」または「赤字国債」、および国債整理基金特別会計法により国債償還資金調達のために発行される「借換国債」（償還期間1年未満の短期国債）に分けられます。借換国債は、法人向けのみに限定され、個人向けの販売はありません。

　右ページの図は国債の券面図です。表面利率（クーポン・レート）は、額面に対して毎年受け取る利息の割合のことです。たとえば、表面利率1.4％というのは、100万円の額面に対して半年ごとに7,000円、年間で14,000円の利息が受け取れることを意味しています。

　発行者である国（財務大臣）は、国債の購入者（保有者）に対して、「半年ごとに利息を支払います」、「償還日（満期日）には元金を償還します」という2つの約束のみを行い、満期日以前に国に買い戻してもらうことはできません。償還日前の換金は市場での売却によってしか行うことができず、途中換金は、時々刻々と変化する市場価格によるのが原則であるので、市場価格の変動に伴って、購入時点の価格よりも、値上がりしていることもあれば、値下がりしていることもあります。市場価格が額面を上回っている国債は「オーバーパー」、下回っている国債は「アンダーパー」とそれぞれ呼ばれています。

第4章 債券投資 73

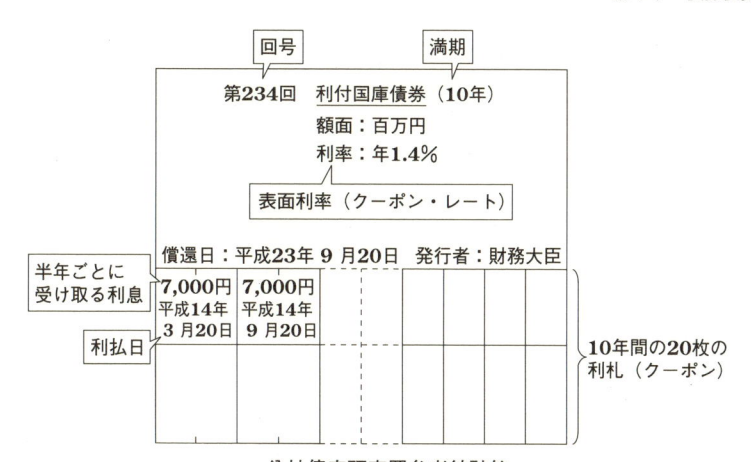

```
        ┌──────┐     ┌──────┐
        │ 回号 │     │ 満期 │
        └──────┘     └──────┘
        第234回  利付国庫債券（10年）
              額面：百万円
              利率：年1.4％
              ┌──────────────────┐
              │ 表面利率（クーポン・レート）│
              └──────────────────┘
        償還日：平成23年9月20日  発行者：財務大臣
```

半年ごとに受け取る利息　7,000円 平成14年3月20日 ／ 7,000円 平成14年9月20日
利払日
10年間の20枚の利札（クーポン）

公社債店頭売買参考統計値
（11日分、日本証券業協会、円。短期国債、政府短期証券、
割引みずほ債の利回りは単利、その他は複利）

銘柄	償還年月	利率(％)	平均値	平均値利回り(％)
国債				
短国348	04／9	—	99.99	0.013
短国347	05／2	—	99.98	0.014
政府短期証券270	04／6	—	99.99	0.009
中国218（2）	06／3	0.1	100.03	0.085
中国15（5）	06／9	0.5	100.84	0.167
中国22（5）	07／9	0.3	100.00	0.300
中国34（5）	08／12	0.5	100.00	0.500
長国215	09／9	1.9	107.08	0.597
長国224	10／9	1.8	106.47	0.781
長国234	11／9	1.4	102.99	0.987
長国243	12／9	1.1	99.65	1.143
長国257	13／12	1.3	100.04	1.295
超長国66	23／12	1.8	98.68	1.880
超長国（30）13	33／12	2.0	96.29	2.169
割国13（3）	05／11	—	99.92	0.047
変利国26（15）	19／1	＊	100.52	—
その他債券				
東京都14（5）	08／12	0.7	100.77	0.537
東京都606	14／2	1.3	99.22	1.384
公営企業836	14／2	1.3	99.41	1.363
関空1	09／2	0.92	99.88	0.944
みずほコーポぃ655	09／2	0.7	99.80	0.741
割引みずほ875	05／2	—	99.78	0.234
みずほコーポ銀劣1	14／2	2.1	101.20	1.966
東北電力420	14／2	1.36	99.39	1.425
北海道電力284	16／2	1.48	99.02	1.570
フォルクスワーゲンFS1	08／11	1.15	101.15	0.900

（資料）『日本経済新聞』2004年3月11日

30 債券価格と利回り

(1) 債券価格

債券価格は「将来受け取るキャッシュフロー（CF：元利金の受け取り）系列の割引現在価値の合計」（☞ p. 8）です。残存期間3年、クーポン・レート10%、額面100万円の国債を取り上げます。割引率（複利最終利回り）を5%とすると、利付債券の価格はいくらになるでしょうか。クーポン額は$100 \times 0.1 = 10$万円であるので、$CF_1 = 10, CF_2 = 10, CF_3 = 10 + 100 = 110$です。

$$\frac{10}{1+0.05} + \frac{10}{(1+0.05)^2} + \frac{10+100}{(1+0.05)^3}$$
$$\fallingdotseq 9.52 + 9.07 + 8.64 + 86.38 = 113.61 万円$$

(2) 3つの利回り：応募者利回り、最終利回りおよび所有期間利回り

① 応募者利回り

新規発行のときに買い入れ、途中で売却せずに満期まで保有したときの利回りです。新発債（新規発行債券）の購入で支払うのは発行価格です。

② 最終利回り

満期を迎えるまでの途中で買い入れ、満期まで保有したときの利回りです。既発債（既発行債券）の購入時には手数料、経過利子をも支払います。「経過利子」とは、前の利払い日の翌日から受渡日までの日数に見合う利子相当額のことです。

③ 所有期間利回り（保有期間利回り）

新規発行あるいは満期を迎えるまでの途中で買い入れ、満期を迎えるまでに売却したときの利回りです。既発債の売却時には経過利子も受け取り、手数料、取引税を支払います。

【知っておきましょう】 3つの債券利回り：直接利回り、単利最終利回りおよび複利最終利回り

「債券利回り」とは債券投資収益率$\left(=\dfrac{債券収益}{投資額}\right)$のことであり、償還日（満期）まで保有した場合の利回りは「最終利回り」あるいは「満期利回り」と呼ばれています。債券収益は、満期日まで保有した場合を考えると、利息収入（クーポン）、償還差益・差

損（＝償還額－投資額）、クーポンの再投資収益の 3 要素からなっています。3 つの要素をどのように考慮するかにより、次の 3 つの利回り概念が考えられています。
① 直接利回り（直利：ちょくり）
「利息収入（クーポン）」のみを考えます。
② 単利最終利回り
「利息収入（クーポン）」と「償還差益（または差損）」の 2 つの要素を考えます。「単利」とは、元本に対してだけ貸借期間に正比例して利息を計算することであり、日本の国債は単利最終利回りで計算されています。
③ 複利最終利回り
「利息収入（クーポン）」「償還額－投資額」「クーポンの再投資収益」の 3 つの要素すべてを考えます。「複利」とは、貸借期間の途中で利息を計算し、これを元本に繰り入れ、それを対象に元本に対してと同じ利率で利息を計算することであり、米国の国債は複利最終利回りで計算されています。

【知っておきましょう】 利付債券の単利最終利回りと複利最終利回り
P＝債券の購入価額（現在の債券価格）、C＝一定のクーポン額（年 1 回受け取り）、F＝償還価額、n＝残存期間とします。
① 単利最終利回り
$$r = \frac{C + \frac{F-P}{n}}{P}$$
② 複利最終利回り
$$P = \frac{C}{1+r} + \frac{C}{(1+r)^2} + \cdots\cdots + \frac{C+F}{(1+r)^n}$$
を満たす r が「複利最終利回り」です。

【知っておきましょう】 利付債券と割引債券の複利最終利回り
① 利付債券の複利最終利回り
$$P = \frac{C}{1+r} + \frac{C}{(1+r)^2} + \cdots\cdots + \frac{C+F}{(1+r)^n}$$
を満たす r が「利付債券の複利最終利回り」です。
② 割引債券の複利最終利回り
$$P = \frac{C}{1+r} + \frac{C}{(1+r)^2} + \cdots\cdots + \frac{C+F}{(1+r)^n}$$
で、$C = 0$ としたものが、つまり
$$P = \frac{F}{(1+r)^n}$$
が「割引債券の複利最終利回り」の定義式であり、$r = \left(\frac{F}{P}\right)^{\frac{1}{n}} - 1$ です。

31 債券価格と利回りの関係

　額面100円、残存期間4年、クーポン・レート8％の利付国債を取り上げ、複利最終利回りが5％から10％まで1％ずつ変化した場合、それぞれの債券価格は右ページのようになります。例えば、利回りが5％から6％へ上昇すれば、債券価格は110.638から106.930へ下落します。つまり、利回りが上昇すれば債券価格は下落し、利回りが下落すれば債券価格は上昇します。また、利回りが上昇すればするほど、債券価格の下落する割合は小さくなります。利回りが下落すればするほど、債券価格の上昇する割合は大きくなります。

【知っておきましょう】　永久債券価格と利回りの関係

　永久に償還されずに定期的にクーポン（C）の受け取りが続く債券は「永久債券」と呼ばれ、永久債券の複利最終利回りは、

$$P = \frac{C}{1+r} + \frac{C}{(1+r)^2} + \cdots\cdots = \frac{C}{r}$$

を満たす r です。つまり、$r = \frac{C}{P}$ であり、C は一定であるので、永久債券価格と利回りは反比例関係にあります。

債券価格と複利最終利回り

利回り(％)	債券価格
5	$\frac{8}{1+0.05} + \frac{8}{(1+0.05)^2} + \frac{8}{(1+0.05)^3} + \frac{8+100}{(1+0.05)^4} \fallingdotseq 110.638$
6	$\frac{8}{1+0.06} + \frac{8}{(1+0.06)^2} + \frac{8}{(1+0.06)^3} + \frac{8+100}{(1+0.06)^4} \fallingdotseq 106.930$
7	$\frac{8}{1+0.07} + \frac{8}{(1+0.07)^2} + \frac{8}{(1+0.07)^3} + \frac{8+100}{(1+0.07)^4} \fallingdotseq 103.387$
8	$\frac{8}{1+0.08} + \frac{8}{(1+0.08)^2} + \frac{8}{(1+0.08)^3} + \frac{8+100}{(1+0.08)^4} = 100$
9	$\frac{8}{1+0.09} + \frac{8}{(1+0.09)^2} + \frac{8}{(1+0.09)^3} + \frac{8+100}{(1+0.09)^4} \fallingdotseq 96.760$
10	$\frac{8}{1+0.10} + \frac{8}{(1+0.10)^2} + \frac{8}{(1+0.10)^3} + \frac{8+100}{(1+0.10)^4} \fallingdotseq 93.660$

↓

利回りが上昇すれば債券価格は下落し、利回りが下落すれば債券価格は上昇します。

第 4 章　債券投資　77

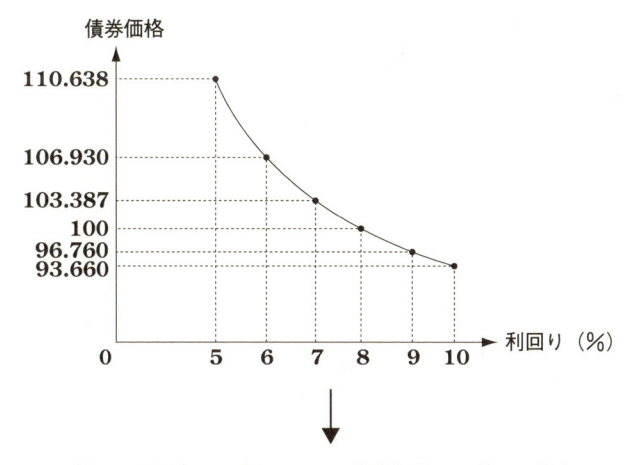

```
債券価格
110.638 ●
106.930     ●
103.387        ●
100              ●
96.760              ●
93.660                 ●
        0   5   6   7   8   9   10   利回り（％）
```

↓

利回りが上昇すればするほど、債券価格の下落する割合は小さくなります。利回りが下落すればするほど、債券価格の上昇する割合は大きくなります。

回号（銘柄）	発行年月	表面利率（クーポン・レート）	債券価格	最終利回り
249回	平成3年3月	0.6％	92.90円	1.724％
269回	平成5年3月	1.3％	95.10円	1.913％
280回	平成6年6月	1.9％	99.46円	1.959％

（資料）『日本経済新聞』2006年7月4日より作成。

↓

国債の発行時期によってクーポン・レートには大きな差がありますが、債券価格が変動することにより、最終利回りはほぼ同じになっています。

32 債券価格と利回りの関係：クーポン・レートの影響

P＝債券価格、r＝複利最終利回り、C＝一定のクーポン額（年1回受け取り）、F＝償還（額面）価額、n＝残存期間とすると、

$$P = \frac{C}{1+r} + \frac{C}{(1+r)^2} + \cdots\cdots + \frac{C+F}{(1+r)^n}$$

であるので、債券価格と複利最終利回りの関係は、$C\left(\dfrac{C}{F}=\text{クーポン・レート}\right)$の影響を受けます。

額面100円、残存期間4年、クーポン・レート5, 6, 7, 8, 9, 10％の利付債券を取り上げ、複利最終利回りが8％から5％へ下落した場合、あるいは8％から10％へ上昇した場合、それぞれの債券価格は右ページのようになります。

クーポン・レートの値に関係なく、複利最終利回りが上昇すれば債券価格は下落し、複利最終利回りが下落すれば債券価格は上昇します。クーポン・レートが高ければ高いほど、複利最終利回りの変化に対する債券価格の変化は小さくなります。逆に、クーポン・レートが低ければ低いほど、複利最終利回りの変化に対する債券価格の変化は大きくなります。

> 【知っておきましょう】　価格変動性
> 　一定の複利最終利回りの変化によって生じる債券価格の変化率は「価格変動性」と呼ばれています。クーポン・レート、残存期間が異なれば異なります。

債券価格と利回りの関係：クーポン・レートの影響

クーポン・レート	債券価格		
(％)	利回り 5 (％)	利回り 8 (％)	利回り 10 (％)
5	100	90.064	84.151
6	103.546	93.376	87.321
7	107.092	96.688	90.490
8	110.638	100	93.660
9	114.184	103.312	96.830
10	117.730	106.624	100

クーポン・レート	債券価格の変動割合（利回り 8 ％の場合の債券価格を 1 としたとき）		
(％)	利回り 5 (％) ←	利回り 8 (％) →	利回り 10 (％)
5	1.11032	1	0.93435
6	1.10891	1	0.93515
7	1.10760	1	0.93590
8	1.10638	1	0.93660
9	1.10523	1	0.93726
10	1.10416	1	0.93788

↓

クーポン・レートが高ければ高いほど、複利最終利回りの変化（ 8→5 ％と 8 →10％）に対する債券価格の変化は小さくなります。逆に、クーポン・レートが低ければ低いほど、複利最終利回りの変化に対する債券価格の変化は大きくなります。

33 債券価格と利回りの関係：残存期間の影響

P＝債券価格、r＝複利最終利回り、C＝一定のクーポン額（年1回受け取り）、F＝償還（額面）価額、n＝残存期間とすると、

$$P = \frac{C}{1+r} + \frac{C}{(1+r)^2} + \cdots\cdots + \frac{C+F}{(1+r)^n}$$

であるので、債券価格と複利最終利回りの関係は、n（残存期間）の影響を受けます。

額面100円、残存期間2,3,4,5年、クーポン・レート8％の利付債を取り上げ、複利最終利回りが8％から5％へ下落した場合、あるいは8％から10％へ上昇した場合、それぞれの債券価格は右ページのようになります。

残存期間のいかんにかかわりなく、複利最終利回りが上昇すれば債券価格は下落し、複利最終利回りが下落すれば債券価格は上昇します。残存期間が短いほど、複利最終利回りの変化に対する債券価格の変化は小さくなります。逆に、残存期間が長いほど、複利最終利回りの変化に対する債券価格の変化は大きくなります。

【知っておきましょう】　債券価格と残存期間の関係

① 複利最終利回り＜クーポン・レートのとき、残存期間が長ければ長いほど、債券価格は高くなります。というのは、残存期間が長くなるほど、償還価額の現在価値は減少するが、クーポン額の現在価値の合計がそれ以上に増加するからです。

② 複利最終利回り＝クーポン・レートのとき、残存期間のいかんにかかわりなく、「債券価格＝償還価額」です。というのは、償還価額の現在価値の減少とクーポン額の現在価値の合計の増大が相殺しあうからです。

③ 複利最終利回り＞クーポン・レートのとき、残存期間が長ければ長いほど、債券価格は低くなります。というのは、償還価額の現在価値の減少がクーポン額の現在価値の合計の増大を上回るからです。

残存期間（年）	債券価格		
	利回り5（%）	利回り8（%）	利回り10（%）
2	105.578	100	96.529
3	108.170	100	95.026
4	110.638	100	93.660
5	112.988	100	92.418

残存期間（年）	債券価格の変動割合（利回り8％の場合の債券価格を1とする）		
	利回り5（%） ←	利回り8（%） →	利回り10（%）
2	1.05578	1	0.96529
3	1.08170	1	0.95026
4	1.10638	1	0.93660
5	1.12988	1	0.92418

↓

残存期間が短いほど、複利最終利回りの変化に対する債券価格の変化は小さくなります。逆に、残存期間が長いほど、複利最終利回りの変化に対する債券価格の変化は大きくなります。

34 金利の期間構造:イールド・カーブ

金利と満期までの残存期間に関する理論は金利の期間構造理論と呼ばれ、「純粋期待仮説」「流動性プレミアム仮説」「市場分断仮説」の3つがあります。「純粋期待仮説」では、投資家はリターンのみに関心をもつもの（つまりリスク中立：☞p.36）と仮定されています。つまり、投資家の計画期間は2年間で、満期の短い国債と満期の長い国債との間の選択は、2年間の元利合計（リターン）のみに依存するものと仮定されています。1投資単位を、1年満期の国債で2年間運用したときの元利合計は、

$$(1+r_s) \times (1+r_s^*) = 1+r_s+r_s^*+r_s r_s^* \fallingdotseq 1+r_s+r_s^*$$

です。ここで、$r_s = 1$年目の金利、$r_s^* = 2$年目の予想金利です。一方、1投資単位を、2年満期の国債で2年間運用したときの元利合計は、

$$(1+r_L) \times (1+r_L) = (1+r_L)^2 = 1+2r_L+r_L^2 \fallingdotseq 1+2r_L$$

です。ここで、$r_L = 2$年満期の年率の金利です。

投資家は、両元利合計を比べて、満期の短い国債と満期の長い国債との間の選択を行います。満期の短い国債で運用する方が有利であれば、投資家は長期債で調達し、短期債で運用します。それは短期金利を下げ、長期金利を上げます。逆に、満期の長い国債で運用する方が有利であれば、投資家は短期債で調達し、長期債で運用します。それは短期金利を上げ、長期金利を下げます。結果として生じる金利裁定均衡では、満期の短い国債と満期の長い国債との間の選択は無差別、つまりどちらで運用しても元利合計は同じになり、

$$(1+r_s) \times (1+r_s^*) = (1+r_L) \times (1+r_L)$$

つまり、

$$1+r_s+r_s^* = 1+2r_L$$

が成立します。かくて、長短金利の関係として、

$$r_L = \frac{r_s+r_s^*}{2}$$

が成立します。つまり、長期金利は、現在の短期金利と将来の予想短期金利の平均値（厳密には、単純平均ではなく、幾何平均）です。

2年間だけを考え、2年ものを長期金利、1年ものを短期金利と呼べば、

$$現在の長期金利 = \frac{現在の短期金利 + 将来の短期金利}{2}$$

です。例示すれば、

現在の長期金利	現在の短期金利	将来の短期金利	
6％	5％	7％	$6\% = \frac{5\% + 7\%}{2}$
5％	5％	5％	$5\% = \frac{5\% + 5\%}{2}$
4％	5％	3％	$4\% = \frac{5\% + 3\%}{2}$

です。かくて、イールド・カーブの形状（現在の長期金利と短期金利の関係）は将来の短期金利に依存しています。長期金利と短期金利との間に乖離を生じさせるのは、将来の短期金利の予想です。

イールド・カーブの形状

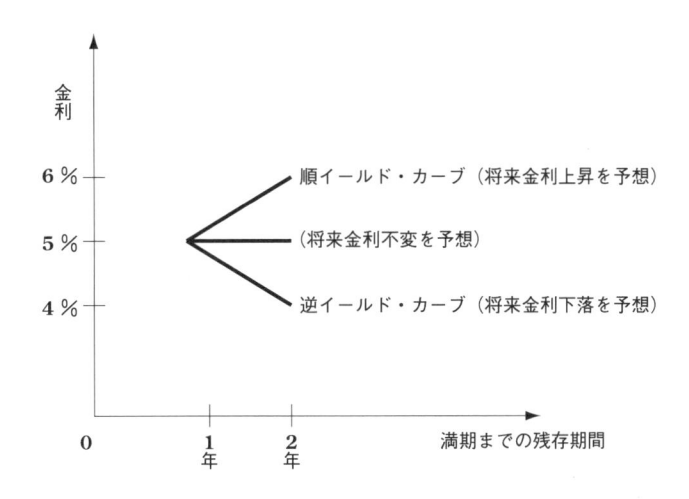

35 スポット・レートとフォワード・レート

(1) スポット・レート

スポット・レートは、現在時点から将来時点にかけての利回りであり、例えば現在時点（第0時点）から第1時点にかけてのスポット・レートは1年物（$_0r_1$）、第2時点にかけてのスポット・レートは2年物（$_0r_2$：年率）とそれぞれ呼ばれています。$P=$割引債券の購入価額、$F=$償還価額、$n=$残存期間、$_0r_n=n$年物スポット・レートとすると、$P = \dfrac{F}{(1+_0r_n)^n}$ です（☞ p.75）。

(2) フォワード・レート

フォワード・レートは、将来のある時点から将来の他の時点にかけての、現在時点で確定している利回りであり、例えば第2時点から第3時点にかけてのフォワード・レートは $_2r_3$（年率）と表されます。

(3) スポット・レートとフォワード・レートの関係

$_0r_1=1$年物割引債のスポット・レート、$_0r_2=2$年物割引債のスポット・レート、$_1r_2=1$年後から2年後にかけての1年物割引債のフォワード・レートとすると、スポット・レートとフォワード・レートの関係は「金利裁定」が働くとすると、

$$(1+_0r_2)^2 = (1+_0r_1)(1+_1r_2)$$

です。同様にして、

$$(1+_0r_3)^3 = (1+_0r_1)(1+_1r_2)(1+_2r_3) = (1+_0r_2)^2(1+_2r_3)$$
$$= (1+_0r_1)(1+_1r_3)^2$$

$\vdots$

$$(1+_0r_n)^n = (1+_0r_1)(1+_1r_2)\cdots\cdots(1+_{n-1}r_n)$$
$$= (1+_0r_t)^t(1+_tr_n)^{n-t}$$

であり、フォワード・レートは、

$$_tr_n = \left\{\dfrac{(1+_0r_n)^n}{(1+_0r_t)^t}\right\}^{\frac{1}{n-t}} - 1$$

で求められます。

(**1**) スポット・レート

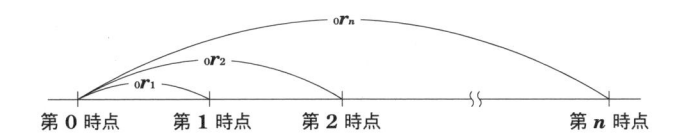

```
              ₀rₙ
         ₀r₂
     ₀r₁
├─────┼─────┼──────〜〜──────┤
第0時点 第1時点 第2時点         第n時点
```

(**2**) フォワード・レート

```
         ₁f₂    ₂fₜ      ₜfₙ
├─────┼─────┼──〜〜──┼─────┤
第0時点 第1時点 第2時点  第t時点  第n時点
```

(**3**) スポット・レートとフォワード・レートの関係

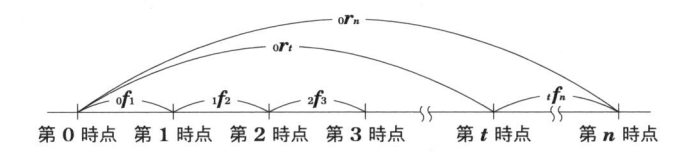

```
                 ₀rₙ
            ₀rₜ
   ₀f₁  ₁f₂  ₂f₃         ₜfₙ
├──┼──┼──┼──〜〜──┼──┤
第0時点 第1時点 第2時点 第3時点   第t時点 第n時点
```

36 デュレーション：利回りの変化に対する債券価格の変化

(1) デュレーション：D

P＝利付債券価格、r＝複利最終利回り、C＝一定のクーポン額（年1回受け取り）、F＝償還（額面）価額、n＝残存期間とすると、

$$P = \frac{C}{1+r} + \frac{C}{(1+r)^2} + \cdots\cdots + \frac{C+F}{(1+r)^n}$$

であり、デュレーション（マコーレイのデュレーション：D）は、

$$D = 1 \times \frac{\frac{C}{1+r}}{P} + 2 \times \frac{\frac{C}{(1+r)^2}}{P} + \cdots\cdots + n \times \frac{\frac{C+F}{(1+r)^n}}{P}$$

と定義されています。つまり、デュレーションとは、「将来のキャッシュフローの発生時点までの期間（$1, 2, \cdots, n$）を、それぞれの現在価値をウェイトとした加重平均残存年数」であり、債券投資の「平均回収期間」です。債券回収期間は、債券の残存期間（満期までの期間）とは異なり、元本だけでなくクーポンの受け取りを考慮したうえで、投資額（買付価額）が回収されるまでの期間のことです。右ページは、3％の割引率を前提として、クーポン・レート5％、償還期間10年の債券のデュレーションを計算したものであり、デュレーション8.27年は残存期間10年よりも短くなっています。

(2) 修正デュレーション：$\frac{D}{1+r}$

$\frac{D}{1+r}$ は「修正デュレーション」と呼ばれています。修正デュレーションは、複利最終利回りの変化に対する債券価格の感応度の指標であり、「複利最終利回りが1％上昇すると、債券価格はほぼ修正デュレーションと等しい率だけ低下」します。

【知っておきましょう】　修正デュレーション

$$P = \frac{C}{1+r} + \frac{C}{(1+r)^2} + \cdots\cdots + \frac{C+F}{(1+r)^n}$$

を r で微分すると、

$$\frac{dP}{P} = -\frac{D}{1+r} \times dr$$

が得られます。つまり、

（債券価格の変化率）＝－（修正デュレーション）×（複利最終利回りの変化）

です。修正デュレーションは、債券価格と複利最終利回りの関係を線形近似（☞p.89）したものであり、利回り水準の大きな変化に対しては債券価格の誤差は大きくなります。

期間	キャッシュフロー	割引ファクター $\frac{1}{(1+0.03)^t}$	キャッシュフロー $\times \frac{1}{(1+0.03)^t}$	期間×現在価値
1	5	0.971	4.855	4.855
2	5	0.943	4.715	9.43
3	5	0.915	4.575	13.725
4	5	0.888	4.44	17.76
5	5	0.863	4.315	21.575
6	5	0.837	4.185	25.11
7	5	0.813	4.065	28.455
8	5	0.789	3.945	31.56
9	5	0.766	3.83	34.47
10	105	0.744	78.12	781.2
合計			Ⓐ117.045	Ⓑ968.14

$$\text{デュレーション} = \frac{\Sigma(\text{期間}\times\text{各期に発生する}CF\text{の現在価値})}{\Sigma(\text{各期に発生する}CF\text{の現在価値})}$$

$$= \frac{\sum_{t=1}^{n}\left\{t \times \frac{CF_t}{(1+r)^t}\right\}}{\sum_{t=1}^{n}\frac{CF_t}{(1+r)^t}}$$

$$\text{デュレーション} = \frac{968.14}{117.045} = 8.27 \text{（年）}$$

	債券 A	債券 B	債券 C	債券 D
クーポン	5％	5％	3％	（割引債）
残存期間	2年	5年	2年	5年
債券価格	103.83	109.16	100.00	86.26
デュレーション	1.95	4.56	1.97	5.00

債券 A と B を比較すると	➡	残存期間が短いほどデュレーションは短い
債券 A と C を比較すると	➡	クーポン・レートが高いほどデュレーションは短い
債券 D （割引債）	➡	割引債のデュレーションは残存期間と一致する

37 コンベクシティ：利回りの変化に対する債券価格の変化

$P=$利付債券価格、$r=$複利最終利回り、$C=$一定のクーポン額（年1回受け取り）、$F=$償還（額面）価額、$n=$残存期間とすると、

$$P = \frac{C}{1+r} + \frac{C}{(1+r)^2} + \cdots\cdots + \frac{C+F}{(1+r)^n}$$
$$= P(r)$$

です。複利最終利回り（r）が微小変化したときの債券価格（P）の値、つまり$P(r+\Delta r)$をテイラーの定理を利用して1次近似したものが「修正デュレーション[$\frac{D}{1+r}$]」であり、2次近似したものが「コンベクシティ（曲率：BC）」です。

$$\frac{dP}{P} = -\frac{D}{1+r} \times dr + \frac{1}{2}BC(dr)^2$$

であり、ポートフォリオのコンベクシティは組み入れ銘柄のコンベクシティの時価加重平均です。

【知っておきましょう】 修正デュレーションとコンベクシティ

修正デュレーション$\frac{D}{1+r}$は、

$$P = \frac{C}{1+r} + \frac{C}{(1+r)^2} + \cdots\cdots + \frac{C+F}{(1+r)^n}$$

をrで微分すれば、

$$\frac{dP}{dr} = -\frac{D}{1+r} \times P$$

であり、

$$\frac{dP}{P} = -\frac{D}{1+r} \times dr$$

です。修正デュレーションは、利回りの変化に対する債券価格の変化率の割合です。コンベクシティ（BC）は、

$$\frac{dP}{dr} = -\frac{D}{1+r} \times P$$

をrで再度微分して求めたものです。

【知っておきましょう】 イミュニゼーション戦略

債券投資計画期間に債券ポートフォリオのデュレーションを一致させるようにポートフォリオを構築し、債券ポートフォリオの価値を金利変化の影響を受けないようにする戦略は「イミュニゼーション戦略」と呼ばれています。

債券価格

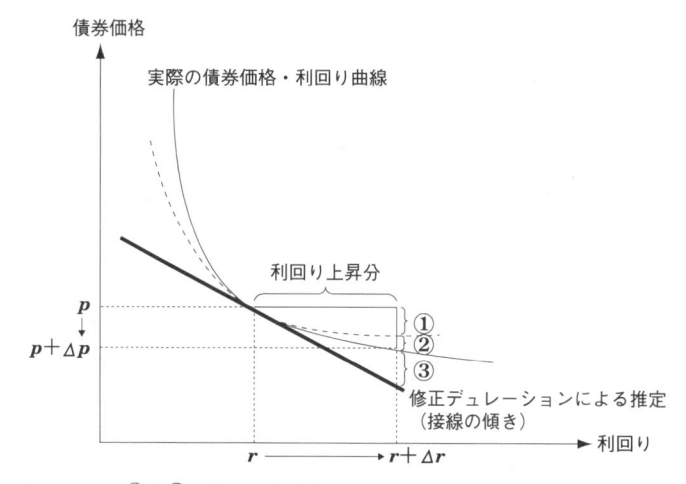

実際の債券価格・利回り曲線

利回り上昇分

p
$p+\Delta p$

①
②
③

修正デュレーションによる推定
（接線の傾き）

$r \longrightarrow r+\Delta r$ 　利回り

①＋② 実際の価格下落分
②　　 修正デュレーション＋コンベクシティによる誤差
③　　 修正デュレーションによる誤差

38 信用リスクと信用格付け

債券投資は、「デフォルト・リスク（信用リスクあるいは債務不履行リスク）」「価格変動リスク（金利変動リスク）」「クーポン再投資リスク」「途中償還リスク」「流動性リスク」の５つのリスクを伴います。デフォルト・リスクとは、利子・元本の全部ないし一部が受け取れなくなるリスクです。

(1) デフォルト・リスク（信用リスク）

① デフォルトの可能性のある割引債の評価

１年満期の割引社債を評価しましょう。$P=$ 割引社債の評価額、$F=$ 割引社債の額面価額、$h=$ 倒産した場合の額面価額 F に対する受け取りの割合（回収率）、$r=$ デフォルト・リスクのない割引債の利回り、$d=$ 倒産する確率（$0 \leq d \leq 1$）とすると、倒産しなかった場合の割引社債の評価額（P_S）は、$P_S = \dfrac{F}{1+r}$ であり、倒産した場合の割引社債の評価額（P_F）は、$P_F = \dfrac{hF}{1+r}$ です。倒産するか、しないかは不確実であるので、割引社債の評価額（P）は、

$$P = (1-d)P_S + dP_F$$
$$= (1-d)\frac{F}{1+r} + d\frac{hF}{1+r}$$
$$= \frac{(1-d)F + dhF}{1+r}$$

です。

② デフォルトの可能性のある利付債の評価

n 年満期の利付社債を評価しましょう。$P=$ 利付社債の評価額、$F=$ デフォルトが起こらなかった場合に受け取る償還価額、$F_F=$ デフォルトが起こった場合に受け取る償還価額、$C=$ デフォルトが起こらなかった場合に受け取るクーポン額、$C_{Ft}=$ 第 t 期にデフォルトが起こった場合に受け取るクーポン額、$_0r_t=$ デフォルト・リスクのない割引債の第 t 期におけるスポット・レート（無リスク金利）、$d_t=$ 第 t 期におけるデフォルト確率（$0 \leq d_t \leq 1$）とすると、利付社債の評価額（P）は、

$$P = \frac{(1-d_1)C + d_1 C_{F1}}{1+{}_0r_1} + \frac{(1-d_2)C + d_2 C_{F2}}{(1+{}_0r_2)^2} + \cdots\cdots$$
$$+ \frac{(1-d_n)(C+F) + d_n(C_{Fn} + F_F)}{(1+{}_0r_n)^n}$$

です。

(2) 信用格付け

信用格付けは、企業や金融機関が発行する社債、CP、CD等の債務履行にかかわる安全性あるいは信用力の度合いを、簡単な記号に基づき定量的に示したものです。格付けには、期間1年以上の債務を対象とした「長期債格付け」と、1年未満の無担保債務を対象とした「短期債格付け」があります。格付けの結果は、わかりやすい格付記号（AAA、AA、A、BBB、BB、Bなど）で表されています。「投資適格」はデフォルト・リスクを意識しないで投資できる債券、「投機的」はデフォルト・リスクを意識しながら投資する債券です。

【知っておきましょう】 リスク・プレミアムの計算

債券のデフォルト確率を事前に確実に予測できるものとしましょう。「リスク・プレミアム」は、デフォルト確率を考慮に入れたうえで、その債券に投資したときの期待収益率（リターン）が、リスクフリー・レートと同じ水準になるように決まります。たとえば、リスクフリー・レート（国債金利）を8％として、償還期間1年、デフォルト確率10％の社債のリスク・プレミアムを求めましょう。社債へ投資すると、90％の確率でr％を得ることができますが、10％の確率でデフォルトし、元本を回収できません（したがって、収益率は－100％です）。

国債へ運用：8％

社債への運用：$(1-0.1) \times r\% + 0.1 \times (-100\%)$

であり、裁定取引の結果、

$8 = (1-0.1) \times r + 0.1 \times (-100)$

が成立し、$r = \frac{18}{0.9} = 20$ が得られます。

リスク・プレミアム ＝ 社債のリターン－国債の金利 ＝ 20－8 ＝ 12％

第1部　投資の理論
第5章　株式投資

株式（株券）は、株式会社に資金を出資している証として、株主に対して発行されます。株式として株式会社へ出資した資金は、会社が存続する限り払い戻されません。株式を換金しようとするならば、株式市場で売却することになります。
　株主は会社のオーナー（出資者）であり、株主総会における議決権などの「株主の権利」をもっていますが、会社が倒産しても、その責任は株式を取得する際に払い込んだ金額（出資額）に限定されています（株主の有限責任制度）。

39 株主の権利と株式の種類

(1) 株主の権利

株式に投資するということは、投資した会社に出資をし、オーナー（出資者）の一員になるということであり、株主は次の権利をもっています。

① 自益権

株主が会社から経済的利益を受けることを目的とする権利のことで、1株の株主でも行使することができます。

② 共益権

株主が会社の経営に参与することを目的とする権利のことで、1株の株主でも行使しうる単独株主権と、発行済株式総数の一定割合または一定株式数以上を所有する株主のみが行使しうる少数株主権とがあります。

(2) 株式の種類

「株主平等」の原則からすれば、株主権の内容はすべて同一でなければなりません。しかし、「商法」は自己資本調達を容易にするために、株主権の内容において異なった、次のような株式の発行を認めています。

① 普通株式

特殊株式との関連において称されるものであり、会社が1種類の株式しか発行していない場合は単に「株式」と呼ばれ、とくに「普通株式」とは呼ばれません。これが標準になり、以下の「優先」「劣後」があります。

② 特殊株式

「商法」（1899年3月公布）の規定に基づき、とくに定款に規定すれば、ある種の権利内容を異にする数種類の株式を発行することも認められています。「特殊株式」には、次のものなどがあります。

(ⅰ) 優先株式（無議決権株式を含む）

保有者の残余財産分配請求権ないし利益配当請求権などが普通株式よりも優先される権利（優先権）が付加されている株式です。

株式投資の魅力
① 株価の上昇による売却益（キャピタル・ゲイン）
② 配当
③ 株式分割
④ 株主優待

株主の権利
① 自益権：利益配当請求権、残余財産分配請求権
　　　　株主個人の利益だけに関係する。
② 共益権：株主総会における議決権、総会決議取消請求権、代表訴訟提起権、
　　　　帳簿閲覧権、取締役・監査役解任請求権
　　　　株主全体の利害に影響する。

株式の種類
（１）普通株式
（２）特殊株式
　①優先株式（無議決権株式を含む）
　②劣後株式（後配株）
　③混合株式
　④償還株式
　⑤転換株式
　⑥無議決権株式

株主と債権者の損益（ペイオフ）
株主は、出資金額を限度とする有限責任しか負わない。企業価値の変動に応じた株主と債権者の損益（ペイオフ）は下図のようになる（この企業は50の負債を負っているものとする）。

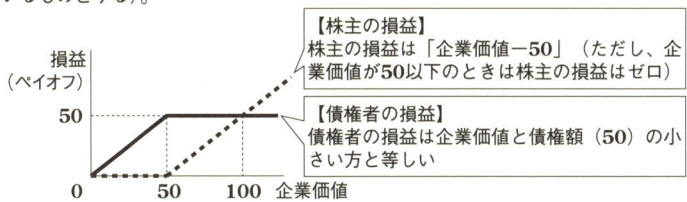

【株主の損益】
株主の損益は「企業価値－50」（ただし、企業価値が50以下のときは株主の損益はゼロ）

【債権者の損益】
債権者の損益は企業価値と債権額（50）の小さい方と等しい

（ⅱ）劣後株式

優先株式とは逆に、保有者の残余財産分配請求権ないし利益配当請求権などが、他の株式保有者よりも後順位となる株式です。

（ⅲ）混合株式

普通株式に対し、優先株式と劣後株式としての性格をあわせもつ株式です。

（ⅳ）償還株式

一定の期間内に利益をもって消却されることが予定されている株式です。

（ⅴ）転換株式

他の種類の株式への転換を請求できる権利を与えられている株式です。

40 株式の取引

「東京株式」は東京株式市場、「東証」は東京証券取引所のことで、同じものです。証券取引所に上場されている株式は「上場株」と呼ばれています。東京証券取引所は、月曜日から金曜日までの、午前9時～11時（前場）と午後12時半～3時（後場）に開いています。午前11時の値段が「前引け」として昼のニュース、午後3時の値段が「大引け」として夜のニュースでそれぞれ流れます。

株式投資の魅力としては、株価の値上がりによる売却益（キャピタル・ゲイン）、配当（会社が得た利益の還元）、株式分割（すでに発行されている株式が一定比率に分割されて株式数が増えること）、株主優待（自社製品やサービスの提供）などがあげられます。反面、株価の値下がりによる売却損（キャピタル・ロス）や発行企業の倒産のリスクがあります。ただし、会社が倒産したとき、その責任は出資額だけに限定されています。

株式取引には、現物取引と信用取引があります。信用取引は、証券会社から現金を借りて株式を買ったり、株式を借りて株式を売ったりします。

【知っておきましょう】　有償増資と株式分割

　会社設立に際しては、定款で会社が発行を予定する株式総数（授権株式総数）を定め、設立にあたっては少なくともその4分の1以上を発行しなければなりません。授権株式総数から発行済株式総数を差し引いた残りは「未発行株式」と呼ばれています。会社設立後には、未発行株式の範囲内で、必要なときに資本金を増加させることができ、これは「増資」と呼ばれています。新株発行は、新たな資金の払い込みを伴うか否かによって、資金の払い込みを要する「有償増資（額面発行増資と時価発行増資）」と、払い込みを要しない「株式分割」に分類されます。有償増資は、募集方法により、株主に新株引受権（他の者に優先して新株を引き受ける権利）を与えて発行する「株主割当」、株主以外の者（役員、従業員、金融機関、取引先など）に新株引受権を与えて新株を発行する「第三者割当増資」、一般の不特定多数の投資家を対象に新株発行に応募させる「公募増資」に分類されます。

東京証券取引所の取引ルール

立会時間	前場：午前 ９：００（寄り付き）〜１１：００（前引け） 後場：午後１２：３０（後場寄り）〜１５：００（大引け）
取引種類	普通取引　　　：売買契約日から４営業日目に決済 当日決済取引　：売買契約日当日に決済 発行日決済取引：新株発行時に未発行の株券を売買する場合
注文形態	成り行き：売買価格を指定しない注文 指し値　：売買価格を指定する注文
取引単位	各企業が自由に取引単位（単元株）を決めている。
呼び値	１株当たりの売り買いの値段
値幅制限	１日の呼び値が動く範囲（値幅）は、前日の終値から一定の範囲に制限されている。
価格優先の原則	成り行き注文は指し値注文に優先する。指し値注文については、売却注文の場合低い値段の指し値、買付注文の場合高い値段の指し値から優先して取引が成立する。
時間優先の原則	同じ値段の指し値注文については、発注時刻が早いものから優先して取引が成立する。

【知っておきましょう】　株式ミニ投資

「株式ミニ投資」では、通常の売買単位（1,000株の銘柄が多い）の10分の１に相当する金額で取引できます。つまり、単元株の10分の１を単位としてその整数倍で、かつ単元未満の株数で取引します。注文の執行は、売買注文の日の翌営業日に行われます。

【知っておきましょう】　株式累積投資

「株式累積投資」を利用すれば、１銘柄につき月々１万円からの少額の資金で株式取引ができます。毎月、一定の日に投資家があらかじめ定めた金額（１銘柄につき毎月１万円以上100万円未満の金額）を証券会社に払い込みます。買い付けはあらかじめ決められた注文執行日に行われます。

41 株価：日経平均株価とTOPIX（東証株価指数）

株価には、日経平均（225種・東証）、日経300、日経500平均（東証）、日経JAPAN1000、日経総合株価指数、東証株価指数（①・総合：TOPIX）、単純平均（東証①全銘柄）、マザーズ指数、ヘラクレス指数、日経ジャスダック平均、JQ指数、Jストック指数の12種類がありますが、よく耳にするのは、日経平均株価（225種・東証）とTOPIX（トピックス）の2つです。

① 日経平均株価（225種・東証）

この種の株価（ダウ式平均株価）は1949年5月16日から発表され、最初は東京証券取引所、その後、日本短波放送によって算出されていましたが、75年5月1日からは日本経済新聞社によって計算されています。平均株価の計算方法を初めて採用したのが米国のダウ・ジョーンズ社でしたので、日経平均225種は「日経ダウ」と呼ばれることもあります。指数としての継続性を守るため、対象となる225銘柄は、合併や倒産などが起きた場合を除き、入れ替えを避けてきました。しかし、この結果、新しく成長してきた有力銘柄が入らないという欠点がありました。このため2000年4月24日、産業構造の変化に対応するとともに、市場流動性をこれまで以上に重視し、一挙に30銘柄の入れ替えを実施しました。この結果、産業構造の変化にはある程度対応できるようになったものの、やや連続性を失うことになりました。今後も原則として年1回、10月の第1営業日に見直すことになっています。日経平均株価は採用銘柄が225銘柄に限定され、単純平均であるために値がさ株の騰落に影響されやすいものです。

② 東証株価指数（①・総合：TOPIX）

TOPIXは、1968年1月4日における東証第一部の全銘柄の時価総額（基準時価総額）を100とし、その後の時価総額を指数化したものです。つまり、

$$TOPIX = \frac{比較時の時価総額}{基準時の時価総額} \times 100$$

です。TOPIXの計算には、東京証券取引所第一部の全銘柄が用いられていますが、TOPIXは全上場銘柄の時価総額加重平均です。時価総額「加重平均」というのは、時価総額の大きな銘柄の株価

の変動が、より大きく TOPIX を動かすことを意味しています。

【知っておきましょう】　日経平均除数

「日経平均225種」は、東京証券取引所第一部に上場されている主要225銘柄の株価の単純合計を「日経平均除数」で割ったものです。「日経平均除数」とは、ダウ式修正平均株価の１つである「日経平均（225種・東証）」の除数のことであり、日経平均除数 $= \dfrac{\text{採用銘柄数(225)}}{\text{修正倍率}}$ と定義されています。日経平均除数で割るのは、増資権利落ち等を考慮して、株価の連続性をもたせるためです。採用銘柄中に市況変動によらない株価変動（増資など）があった場合、あるいは採用銘柄の入れ替えがあった場合に、「日経平均除数」は修正されます。

【知っておきましょう】　日経平均株価の週足

　白の棒、黒の棒は「ローソク足」と呼ばれています。マーケットは月曜日から金曜日までです。終値ベースで見て、①月曜日20,000円、火曜日21,000円、金曜日20,500円とすると、この週は値上がりして終わっているので、白のローソク足（陽線）を書きます。ローソクの下は20,000円、上は20,500円です。上に「上ヒゲ」と呼ばれている線を書き、その高さは21,000円です。②月曜日20,500円、火曜日19,000円、金曜日20,000円とすると、この週は値下がりして終わっているので、黒のローソク足（陰線）を書きます。ローソクの下は20,000円、上は20,500円です。下に「下ヒゲ」と呼ばれている線を書き、その底は19,000円です。

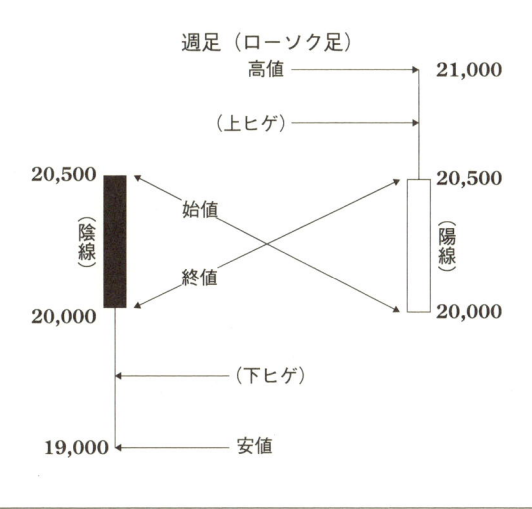

週足（ローソク足）

42 株価の決定要因：配当割引モデルによる株式の評価

株価は「株式の内在価値（基本的要因）」「市場内外の一般情勢（二次的要因）」「思惑（ケインズの美人投票）」によって決定されます。

「配当割引モデル」は、株式の収益価値を、将来の各期間の予想キャッシュフロー（予想配当：D）の現在価値の合計であるとするものです。1年目末に D_1、2年目末に D_2、3年目末に D_3、……の予想キャッシュフロー（予想配当）が生じるとしましょう。1年目、2年目、3年目、……のキャッシュフローに対する割引率（投資家の年当たり要求収益率）をそれぞれ $r_1, r_2, r_3,$ ……とすると、第1年目期首（現在：第0年目末）の株式の内在価値 P_0 は、

$$P_0 = \frac{D_1}{1+r_1} + \frac{D_2}{(1+r_2)^2} + \frac{D_3}{(1+r_3)^3} + \cdots\cdots$$

であり、予想配当についての仮定によって、次の2つのモデルが区別されています。

(1) ゼロ成長モデル

将来の各期間の予想キャッシュフロー（予想配当）は一定（D）であると仮定されています。現在の株式の内在価値 P_0 は、

$$P_0 = \frac{D}{1+r} + \frac{D}{(1+r)^2} + \frac{D}{(1+r)^3} + \cdots\cdots = \frac{D}{r}$$

です。

(2) 定率成長モデル

将来の各期間の予想キャッシュフロー（予想配当）は一定率（g）で成長すると仮定されています。つまり、$D_t = D_1(1+g)^{t-1}$ ($t = 2, 3, \cdots\cdots$) と仮定されています。現在の株式の内在価値 P_0 は、

$$P_0 = \frac{D_1}{1+r} + \frac{D_2}{(1+r)^2} + \frac{D_3}{(1+r)^3} + \cdots\cdots$$

$$= \frac{D_1}{1+r} + \frac{D_1(1+g)}{(1+r)^2} + \frac{D_1(1+g)^2}{(1+r)^3} + \cdots\cdots$$

$$= \frac{D_1}{r-g}$$

です。ただし、$0 < g < r$ です。

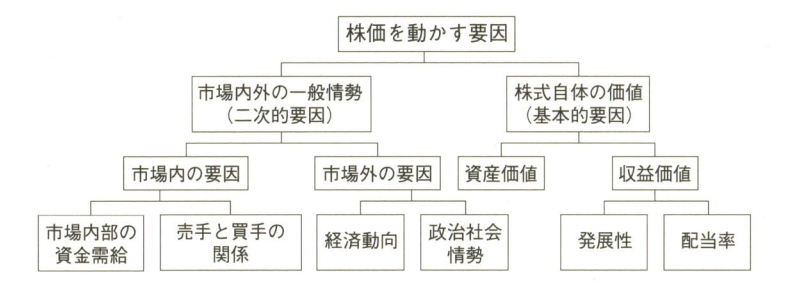

株価を動かす要因

- 市場内外の一般情勢（二次的要因）
  - 市場内の要因
    - 市場内部の資金需給
    - 売手と買手の関係
  - 市場外の要因
    - 経済動向
    - 政治社会情勢
- 株式自体の価値（基本的要因）
  - 資産価値
  - 収益価値
    - 発展性
    - 配当率

配当割引モデルによる株価の決定

P_t ＝第 t 時点の株価
D_t ＝第 t 時点に受け取る配当（キャッシュフロー）
r ＝投資家が求める期待収益率

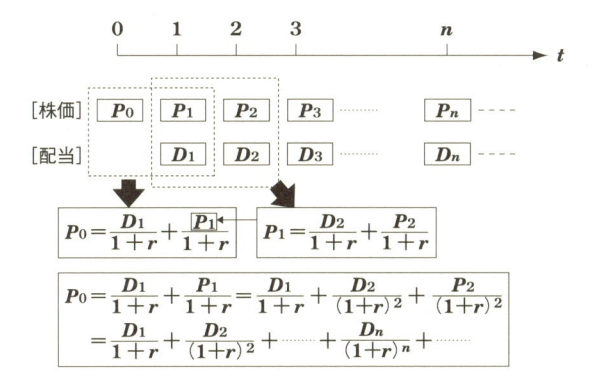

[株価] P_0 P_1 P_2 P_3 …… P_n ----
[配当] D_1 D_2 D_3 …… D_n ----

$$P_0 = \frac{D_1}{1+r} + \frac{P_1}{1+r} \quad\quad P_1 = \frac{D_2}{1+r} + \frac{P_2}{1+r}$$

$$P_0 = \frac{D_1}{1+r} + \frac{P_1}{1+r} = \frac{D_1}{1+r} + \frac{D_2}{(1+r)^2} + \frac{P_2}{(1+r)^2}$$
$$= \frac{D_1}{1+r} + \frac{D_2}{(1+r)^2} + \cdots\cdots + \frac{D_n}{(1+r)^n} + \cdots\cdots$$

【知っておきましょう】　割引率（r）の意味

$$P_0 = \frac{D_1}{r-g}$$

であるので、

$$r = \frac{D_1}{P_0} + g = 配当利回り＋配当成長率$$
$$= 配当利回り＋株価成長率$$

です。

43 株式の投資尺度

　基本的な株式投資尺度は、配当利回り、株価収益率（PER）および株価純資産倍率（PBR）の3つです。過去の株式市場を振り返って見ると、投資尺度には、はやり廃りがあります。

(1) 配当利回り

　配当利回り＝1株当たり年間配当額÷株価

(2) **PER**（Price Earnings Ratio：株価収益率）

　配当利回りが、投資尺度としての魅力を失って以降、新しいモノサシとして登場したのがPERです。それは配当よりも企業の収益に着目しています。

　PER＝株価÷1株当たり税引後当期純利益（EPS）

として計算されています。1株当たり税引後当期純利益については、実績よりも予想利益をベースにする場合が多く、利益成長力の高い企業・業種ではPERが高くなります。ただし、企業によっては土地・株式の売却益を計上し、水膨れしているときがあります。

　PERは、株価水準の割高・割安を相対的に評価する代表的な尺度です。つまり、PER（倍率）が高ければ割高、低ければ割安と言われます。ただし、それは絶対的な割高・割安ではなく、全体あるいは平均株価採用銘柄のPERと比べての、または同じ業種内のライバル企業のPERと比較しての相対的な割高・割安と理解されねばなりません。

(3) **PBR**（Price Bookvalue Ratio：株価純資産倍率）

　PERは、企業の利益成長に注目しているので、景気や業績の上昇局面では有効ですが、下降局面ではあまり役に立ちません。他方、PBRは、株主資本・自己資本・純資産（＝資本金＋資本準備金＋剰余金＋当期利益）に注目しているので、景気や業績の下降局面で、下値のメドをつかむのに有効です。

　PBR＝株価÷1株当たり純資産（BPS）

として計算されています。PBRが1倍を下回るということは、現在の株価が企業の1株当たりの解散価値を下回っているということを意味しています。

	A社：株価500円 発行済み株式数＝200株 年間配当金＝10円 税引後利益＝10,000円 自己資本＝80,000円	B社：株価400円 発行済み株式数＝100株 年間配当金＝5円 税引後利益＝8,000円 自己資本＝20,000円
配当利回り $\dfrac{1株当たり年間配当額}{株価}$	$\dfrac{10}{500}=2\%$	$\dfrac{5}{400}=1.25\%$
PER（株価収益率） $\dfrac{株価}{1株当たり税引後当期純利益}$	$\dfrac{500}{\frac{10,000}{200}}=10$倍	$\dfrac{400}{\frac{8,000}{100}}=5$倍
PBR（株価純資産倍率） $\dfrac{株価}{1株当たり純資産}$	$\dfrac{500}{\frac{80,000}{200}}=1.25$倍	$\dfrac{400}{\frac{20,000}{100}}=2$倍
ROE（株主資本利益率） $\dfrac{税引後利益}{株主資本}$	$\dfrac{10,000}{500\times200}=10\%$	$\dfrac{8,000}{400\times100}=20\%$

【知っておきましょう】　EPS と BPS
① EPS（Earnings Per Share：1株当たり純利益）
　EPS ＝ 税引後純利益÷発行済株式数
② BPS（Bookvalue Per Share：1株当たり純資産）
　BPS ＝ 期末自己資本÷期末発行済株式数

【知っておきましょう】　ROE（Return on Equity：株主資本利益率）
　ROE ＝ 税引後利益÷株主資本

第2部　企業財務の理論
第6章　財務諸表

　企業の経営活動を記録・計算・集計した結果としての経営成績や財政状態などを、株主、債権者、取引先、従業員、国、消費者などの利害関係者（ステークホルダー）に報告するための会計情報を総称したものは「財務諸表」と呼ばれています。株主や債権者は開示された財務諸表を通じて企業の収益力や財務内容を分析し、投資や融資を行うか否かの意思決定を行います。

　例えばソフトバンクは3月末が本決算の会社です。決算が終わると、株主には企業から株主総会の招集通知とともに、総会の議案や財務諸表などが届けられます。ソフトバンクは上場会社であるので、定時株主総会後は財務諸表が新聞紙上に公告されます。「財務諸表」は貸借対照表、損益計算書、利益処分案、営業報告書、附属明細書などの計算書類の総称ですが、以下では最も重要である貸借対照表と損益計算書を説明します。

【知っておきましょう】　決算公告
　決算公告は「商法」の規定に対応したもので、株主総会終了後年1回新聞紙上に掲載されています。大企業は貸借対照表と損益計算書の両方を、中小会社は貸借対照表のみの記載が義務付けられています。「決算」(中間決算、本決算)は会社の成績発表のようなものですが、企業は決算発表の際、今後の業績予想も示しています。発表時点でどんな予想が出るのか、時間が経つにつれて、それが上振れするか下振れするかは、株価に大きく影響します。ただし、業績予想は、会社によってクセがあり、保守的に予想して何度も上方修正する会社もあれば、いつも楽観的な予想を出し、下方修正を重ねる会社もあります。

44 貸借対照表

「貸借対照表」(Balance Sheet：B／S) は一定時点（中間決算期末日、本決算期末日）における会社の「資産」、「負債」および「資本」ストックを表しています。「資産の部」は、その会社がどのような資産を、どれくらいもっているのか、「負債および資本の部」は、それらの資産をどのようなお金で賄っているのかをそれぞれ示しています。「負債」は株主以外から調達したお金（他人資本）で、返済しなければならない資金です。「資本」は株主から調達したお金と留保された利益の合計（自己資本）のことで、返済の必要がない資金です。「資産 ＝ 負債＋資本」であり、資産と「負債＋資本」のバランスがとれているため、貸借対照表はバランスシートと呼ばれています。「資本 ＝ 資産－負債」であるので、もし資産が負債よりも小さければ「債務超過」と呼ばれます。債務超過になると、有価証券報告書の監査報告書で追記がつき、東京証券取引所では、連結ベースで2年間債務超過が続くと上場廃止になります。

(1) 　資産の部：資産 ＝ 流動資産＋固定資産＋繰延資産

「資産の部」を見ると、会社がどのようにお金を使っているのかがわかります。流動資産とは、期間の長短にかかわらず、会社の正常な営業循環過程内において発生した資産、または貸借対照表日の翌日から起算して、1年以内に現金化・費用化される資産のことです。固定資産とは、正常な営業循環過程外の資産かつ1年を超えて現金化・費用化される資産のことです。繰延資産とは、すでに支出された費用のうち、その支出の効果が次期以降の期間にわたって及ぶもので、将来の収益と対応させるため資産として計上されたものです。

(2) 　負債および資本の部：総資本 ＝ 負債（他人資本）＋資本（自己資本）

「負債および資本の部」を見ると、会社がどこからお金を集めているのかがわかります。「負債」は、他人資本とも呼ばれ、株主以外から調達したお金なので返済しなければいけません。「負債 ＝ 流動負債＋固定負債」です。流動負債とは、期間の長短にかかわらず、会社の正常な営業循環過程内において発生した負債、または貸借対照表日の翌日から起算して、1年以内に返済期限が到

貸借対照表（勘定式）

平成×年×月××日現在

（資産の部）	（負債の部）
流動資産	流動負債
固定資産	固定負債
有形固定資産	負債合計
無形固定資産	（資本の部）
投資等	資本金
繰延資産	法定準備金
	剰余金
	資本合計
資産合計	負債・資本合計

来する負債のことです。固定負債とは、正常な営業循環過程外の負債かつ1年を超えて返済期限の到来する負債のことです。「資本」は、自己資本とも呼ばれ、株主から調達したお金と利益の留保額の合計のことです。

【知っておきましょう】　資本の法的拘束性

　資本の法的拘束性が強い順番で並べると、次のとおりです。
① 　資本金
　資本金とは株主が払い込んだ資本のうち商法によって決められた法定資本のことです。
② 　資本準備金（株式払込剰余金、減資差益、合併差益）
　資本準備金とは株主によって払い込まれた資本のうち資本金とされなかったもののことです。
③ 　利益準備金
　利益準備金とは商法によって強制的に社内留保された利益のことです。
④ 　その他の剰余金
　その他の剰余金はその他の資本剰余金、任意積立金（事業拡張積立金、減債積立金、別途積立金など）、当期未処分利益からなっています。

45 損益計算書

「損益計算書（Profit and Loss Statement：P／L）」は、一定期間（3月本決算の会社であれば、4月1日～9月末までの上期、10月1日～3月末までの下期および通期）における会社の経営成績を表しています。損益計算書は、収益と費用を対応させ、「売上総利益」「営業利益」「経常利益」「当期純利益」「当期未処分利益」といった5つの利益を計算しています。

① 売上総利益：粗利益 ＝ 売上高－売上原価

売上総利益は「粗利益」とも呼ばれています。「売上高」は会社本来の営業活動から生まれた収益です。「売上原価」は、販売した商品の仕入原価、製品の製造原価のことです。

② 営業利益：売上総利益－販管費

営業利益は会社の営業活動による利益、つまり、本業によって稼いだ利益です。営業利益の水準は業種によって異なるので、同業種の間で比べることが基本です。銀行では業務純益、損害保険会社では事業利益にそれぞれあたります。「販売費」は商品・製品を販売するのにかかる費用、「一般管理費」は会社全般の管理事務のためにかかる費用のことです。

③ 経常利益：営業利益＋営業外損益

経常利益は会社の経常活動による利益です。会社は本業を行うなかで、受け取った資金を運用したり、支払うための資金を調達したりしているので、営業外収益や営業外費用が発生します。「営業外収益」は財務活動などによって生じた収益であり、「営業外費用」は財務活動などによって生じた費用です。

④ 当期純利益：税引後当期純利益 ＝ 経常利益＋特別損益－法人税・住民税

当期純利益は会社の一会計期間における最終成果を表す利益であり、株主に帰属すべき利益です。「特別利益」は過年度収益の修正や臨時的な収益（過去の経営成果の蓄積の吐き出し）であり、「特別損失」は過年度費用の修正や臨時的な損失（過去の経営意思決定の失敗の具現化）です。特別損益はその期だけの一時的な損益であるので、当期純利益あるいは1株利益の特別損益による

損益計算書（報告式）

自平成×年×月××日
至平成×年×月××日

```
経常損益の部
  営業損益の部
    営業収益
    営業費用
    営業利益（損失）
  営業外損益の部
    営業外収益
    営業外費用
    経常利益（損失）
特別損益の部
    特別利益
    特別損失
    税引前当期利益（損失）
    法人税・住民税等
    当期利益（損失）
    前期繰越利益（損失）
    当期末処分利益
    （未処理損失）
```

営業利益の配分

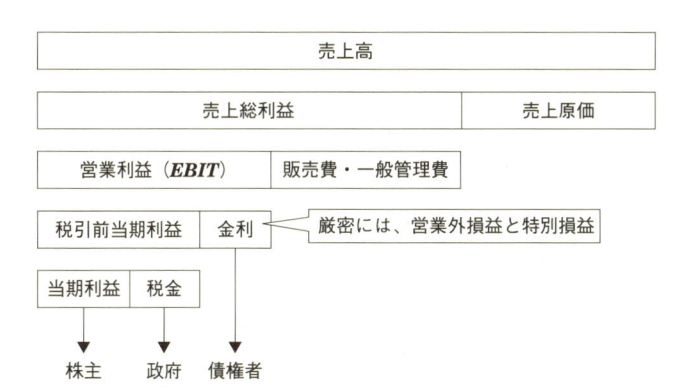

売上高		
売上総利益		売上原価
営業利益（**EBIT**）	販売費・一般管理費	
税引前当期利益	金利 ─ 厳密には、営業外損益と特別損益	
当期利益	税金	
↓	↓	↓
株主	政府	債権者

変化は長期的に株価を押し上げたり、押し下げたりする要因ではありません。損益計算書を見るときには、増益・減益がどのような要因で生じているのかを考えなければなりません。そのためには、時系列の比較や同業他社との比較が重要です。

⑤　当期未処分利益

当期未処分利益は株主総会で処分の対象となる利益です。

46 企業の健全性：自己資本比率と負債比率

　会社が「安全である」とは、財務構造や資金繰りが健全であり、倒産に陥る危険がないことを意味しています。財務構造の健全性は貸借対照表、資金繰りの健全性は損益計算書などを用いて知ることができます。貸借対照表に基づく安全性は「静的安全性」と呼ばれ、会社の財務上のストック次元の安全性を意味しています。資金の調達と運用のバランス、あるいは調達された資金の構成に関して、短期的安全性と長期的安全性の2つがあります。

(1) 短期的安全性の指標

① 流動比率 $= \dfrac{流動資産}{流動負債}$　② 当座比率 $= \dfrac{当座資産}{流動負債}$

(2) 長期的安全性の指標

① 固定比率 $= \dfrac{固定資産}{自己資本}$　② 固定長期適合率 $= \dfrac{固定資産}{自己資本＋固定負債}$

③ 負債比率 $= \dfrac{他人資本}{自己資本}$　④ 株主資本比率 $= \dfrac{自己資本}{他人資本＋自己資本}$

　株主資本比率は「自己資本比率」とも呼ばれ、返済不要な株主資本で、資産をどれだけ賄えているのかを示しています。安全性の目安は、業種などで異なりますが、一般には流動比率が200％以上（100％を割れば黄信号）、固定比率が100％以下、株主資本比率が50％以上です。

【知っておきましょう】　動的安全性の指標

　損益計算書などに基づく安全性は「動的安全性」と呼ばれ、会社のフロー次元の安全性を意味しています。

① 安全余裕率 $= \dfrac{実際売上高－損益分岐点売上高}{実際売上高}$

② インタレスト・カバレッジ・レシオ $= \dfrac{事業利益}{金融費用}$

③ キャッシュフロー比率 $= \dfrac{社内留保＋減価償却費}{長期負債}$

④ 総キャッシュフロー比率 $= \dfrac{社内留保＋減価償却費}{短期借入金＋長期負債}$

安全性の指標

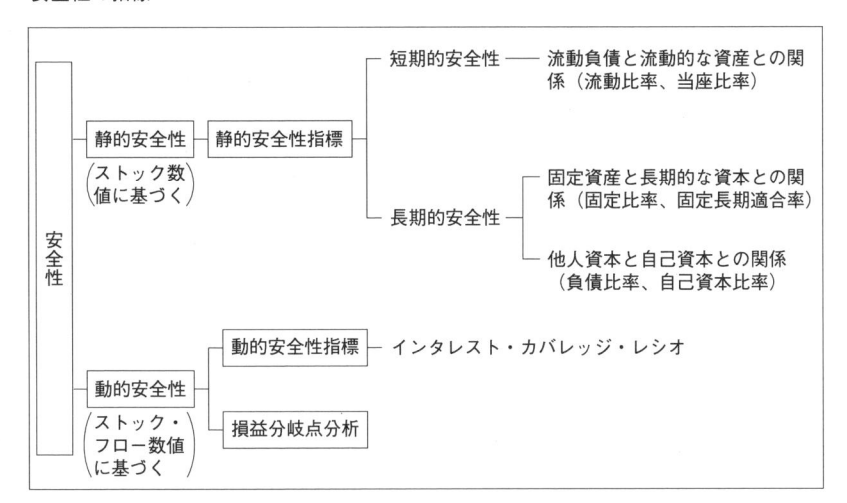

```
                    ┌─ 短期的安全性 ── 流動負債と流動的な資産との関
                    │                  係（流動比率、当座比率）
       ┌─ 静的安全性 ─ 静的安全性指標 ─┤
       │ (ストック数                   │
       │  値に基づく)                  │  ┌─ 固定資産と長期的な資本との関係
       │                               └─ 長期的安全性 ─┤  （固定比率、固定長期適合率）
安全性 ─┤                                               └─ 他人資本と自己資本との関係
       │                                                    （負債比率、自己資本比率）
       │             ┌─ 動的安全性指標 ─ インタレスト・カバレッジ・レシオ
       └─ 動的安全性 ─┤
         (ストック・   └─ 損益分岐点分析
          フロー数値
          に基づく)
```

静的安全性指標

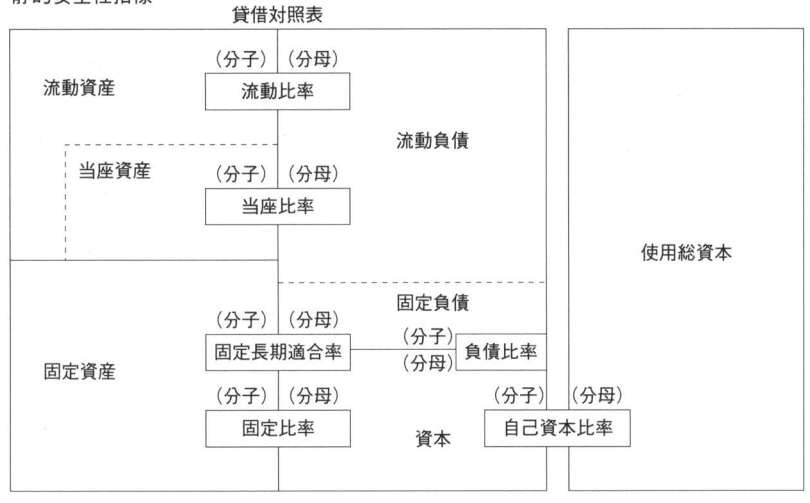

貸借対照表

流動資産	（分子）（分母） 流動比率	流動負債	
当座資産	（分子）（分母） 当座比率		使用総資本
固定資産	（分子）（分母） 固定長期適合率	固定負債 （分子）（分母）負債比率	
	（分子）（分母） 固定比率	資本 （分子）（分母） 自己資本比率	

47 企業の収益性：ROA（総資産利益率）とROE（自己資本利益率）

　会社の収益性を評価する基準には、「利益の絶対額」「増益率」「従業員1人当たりの利益」「売上高利益率」「資本利益率」（Return on Investment：ROI）といった5つの指標があります。

> **【知っておきましょう】　資本利益率（ROI）**
>
> 　「$\dfrac{利益}{投下資本}$」は資本利益率（Return on Investment：ROI）と呼ばれ、投下資本に対して、どれだけの利益を生み出しているのかがわかります。資本利益率には、「使用総資本事業利益率」のほかに、「経営資本営業利益率」（$=\dfrac{営業利益}{経営資本}$）、「自己資本純利益率」（$=\dfrac{当期純利益}{自己資本}$）があります。

① 総資産事業利益率（ROA）：$\dfrac{事業利益}{使用総資本}$

　「資産＝総資本」であるので、「総資産事業利益率」（Return on Asset：ROA）は「使用総資本事業利益率」とも呼ばれています。「事業利益＝営業利益＋受取利息・配当金＋有価証券利息」であるので、事業利益は営業活動と財務活動の成果であり、総資産事業利益率（使用総資本事業利益率）は会社全体の収益力を表しています。

② 自己資本純利益率（ROE）：$\dfrac{当期純利益}{自己資本}$

　自己資本純利益率（Return on Equity：ROE）は「株主資本当期純利益率」とも呼ばれ、株主資本の収益力を表しています。資本利益率が高いことは、会社が少ない投下資本で、多くの利益を得ていることを意味するので、資本利益率は高いほど良いと判断されます。

【知っておきましょう】 売上高経常利益率：$\dfrac{経常利益}{売上高}$

$$資本利益率 = \dfrac{利益}{投下資本}$$
$$= \left(\dfrac{利益}{売上高}\right) \times \left(\dfrac{売上高}{投下資本}\right)$$

であり、$\left(\dfrac{利益}{売上高}\right)$ は「売上高利益率」、$\left(\dfrac{売上高}{投下資本}\right)$ は「資本回転率」とそれぞれ呼ばれています。$\left(\dfrac{経常利益}{売上高}\right)$ は「売上高経常利益率」と呼ばれています。

2 種類の資本利益率

資本利益率	資本と利益	収益性
ROA（使用総資本事業利益率）	$\dfrac{事業利益}{使用総資本} = \dfrac{事業利益}{他人資本＋自己資本}$	企業全体の収益性
ROE$\left(\begin{array}{c}自己資本純利益率\\株主資本純利益率\end{array}\right)$	$\dfrac{当期純利益}{自己資本}$	株主の収益性

*ROA*と*ROE*の関係

『会社四季報』における***ROA***、***ROE***の定義：

$$ROA\text{（総資産利益率）} = \dfrac{当期利益}{総資産} = \dfrac{当期利益}{他人資本＋自己資本（株主資本）}$$

$$ROE\text{（株主資本利益率）} = \dfrac{当期利益}{株主資本}$$

$$ROA = \dfrac{当期利益（R）}{他人資本（D）＋自己資本（E）} = \underbrace{\dfrac{R}{E}}_{(ROE)} \times \underbrace{\dfrac{E}{D+E}}_{（自己資本比率）}$$

$$= \underbrace{\dfrac{R}{E}}_{(ROE)} \div \underbrace{\left(\dfrac{D}{E}+1\right)}_{（負債比率＋1）}$$

48 財務レバレッジの効果：負債比率

企業の収益性を表す指標として、

$$総資産利益率（ROA）= \frac{利益}{負債＋自己資本}$$

$$自己資本利益率（ROE）= \frac{利益}{自己資本}$$

の2つが一般的に用いられています。ROE と ROA は、

$$ROE = ROA + (ROA - 負債利子率) \times \left(\frac{負債}{自己資本}\right)$$

$$ROE の標準偏差 = ROA の標準偏差 + ROA の標準偏差 \times \left(\frac{負債}{自己資本}\right)$$

の関係にあり、ROE の水準は、ROA（事業の収益性）のみならず、企業の財務政策 $\left(\frac{負債}{自己資本}\right)$ からも影響を受けます。

「$\frac{負債}{自己資本}$」は「負債比率」と呼ばれ、負債比率の上昇により、ROE および ROE の標準偏差が高まることは「財務レバレッジの効果」と呼ばれています。ROE および ROE の標準偏差は株主から見た企業のリターンとリスクであり、負債比率の上昇により、株主から見た企業のリターンとリスクは高まります。

右ページでは、負債比率の異なる2つの企業（企業Uと企業L）を取り上げ、2つの企業の ROE の期待値と標準偏差を例証として計算しています。2つの企業は好況時、不況時に同じ収益率を予想できる資産をもっていますが、まったく異なる財務政策をとっています。すなわち、企業Uの負債比率は $\frac{0}{100} = 0$、企業Lの負債比率は $\frac{80}{20} = 4$ です。企業Lの ROE の期待値と標準偏差は企業Uのそれらよりも大きいことがわかります。

【知っておきましょう】 ビジネスリスクとファイナンシャルリスク

$ROE の標準偏差 = ROA の標準偏差 + ROA の標準偏差 \times \left(\frac{負債}{自己資本}\right)$

において、ROA の標準偏差は事業そのものに起因するという意味で「ビジネスリスク」、ROA の標準偏差 $\times \left(\frac{負債}{自己資本}\right)$ は財務政策に起因するという意味で「ファイナンシャルリスク」とそれぞれ呼ばれています。

第6章 財務諸表

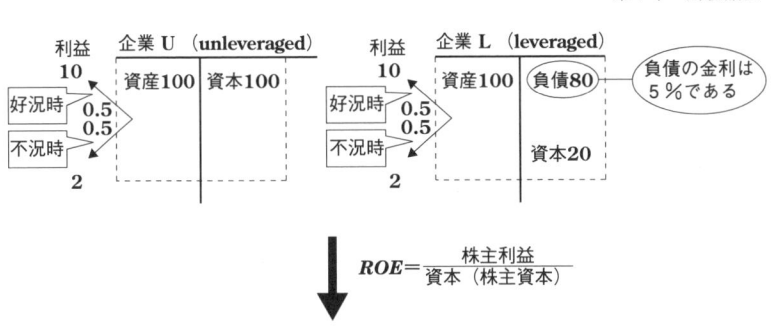

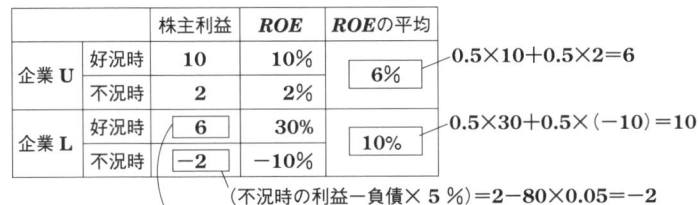

```
         企業 U (unleveraged)              企業 L (leveraged)
  利益                                利益                            ┌─ 負債の金利は
   10  ┌資産100│資本100│              10  ┌資産100│負債80│──○   5％である
好況時─┐0.5                     好況時─┐0.5         │
       ├◁                            ├◁         ├────┤
不況時─┘0.5                    不況時─┘0.5  │資本20│
    2                                  2
```

$$ROE = \frac{株主利益}{資本（株主資本）}$$

		株主利益	ROE	ROEの平均
企業 U	好況時	10	10%	6%
	不況時	2	2%	
企業 L	好況時	6	30%	10%
	不況時	−2	−10%	

$0.5 \times 10 + 0.5 \times 2 = 6$

$0.5 \times 30 + 0.5 \times (-10) = 10$

（好況時の利益−負債×5％）＝10−80×0.05＝6
（不況時の利益−負債×5％）＝2−80×0.05＝−2

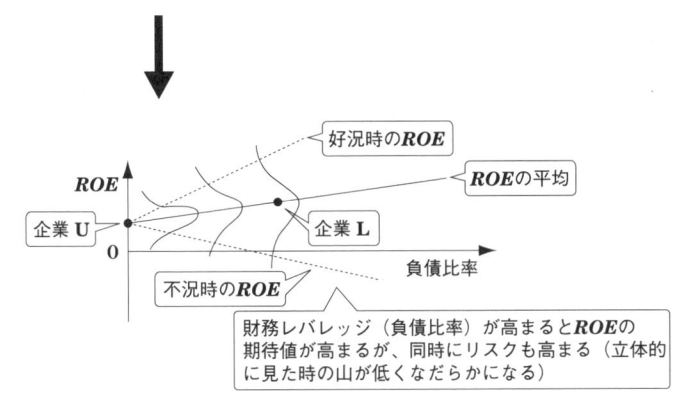

財務レバレッジ（負債比率）が高まるとROEの期待値が高まるが、同時にリスクも高まる（立体的に見た時の山が低くなだらかになる）

【知っておきましょう】　良い企業と悪い企業

営業利益の伸び率	ROE	企業
高い	高い	良い企業
低い	高い	悪い企業
高い	低い	悪い企業
低い	低い	悪い企業

第2部　企業財務の理論
第7章　資本コスト

金利は株式益回りよりも低く、しかも、金利には税控除があるので、負債の実質調達コストは株式の調達コストよりも低くなります。ですから、資本コスト（$WACC$）は、負債を増やせば増やすほど安くなります。グローバル・スタンダードの経営は、負債をどのように有効活用するかということが常識になっています。

49 資本提供の見返り：ハイリスク・ハイリターン、ローリスク・ローリターン

(1) 投資プロジェクトのリターン：ファイナンス理論と会計学

資産(A)≡負債(D)＋株主資本(E)

であり、ファイナンス理論では、投資プロジェクトのリターンは資産（A）からのリターン、あるいは債権者および株主に帰属するリターンです。一方、会計学では、投資プロジェクトのリターンは株主のみに帰属するリターンです。債権者に帰属する金利は、ファイナンス理論では投資プロジェクトのリターンですが、会計学では投資プロジェクトの損金（支払金利）です。

ポイントは、どの立場から見るのが適切であるのかという点です。ファイナンス理論は、価値を生み出すものは投資プロジェクトであることから、資産（A）の観点から見ています。あるいは、その資産を支えるのは、投資家の提供する負債（D）と株主資本（E）であるので、債権者と株主の両方の観点から見ています。これに対し、会計学は、株主の観点からのみ見ています。経営者は、企業（＝投資プロジェクト）全体に責任を負っているので、ファイナンス理論の見方のほうがより自然であるように思われます。

(2) 投資資金を提供してもらった見返り：資本コスト（$WACC$）

投資家（債権者や株主）は、リターンを期待して企業に投資します。これは企業サイドから見ると、資本を提供してもらった見返りとして、投資家にその対価を支払わなければならないことを意味しています。つまり、企業にとって資本にはコストがかかっているのであり、この資本のコストが「資本コスト」と呼ばれているものです。

投資プロジェクトを実行するためには「資本」が必要です。資本を調達する方法には、負債（銀行借入や社債など）と株式があり、負債での調達コストは金利、株式での調達コストは株式益回り（$= \dfrac{年間配当金＋値上がり益}{株価} \times 100$）です。金利、株式益回りは、それぞれ債権者、株主が要求するリターンです。株式益回りはCAPM（☞p.54）によって計算され、リスク（ベータ・リスク）が高いので金利よりも高くなります。しかし、日本のビジネス界においてしば

第7章 資本コスト

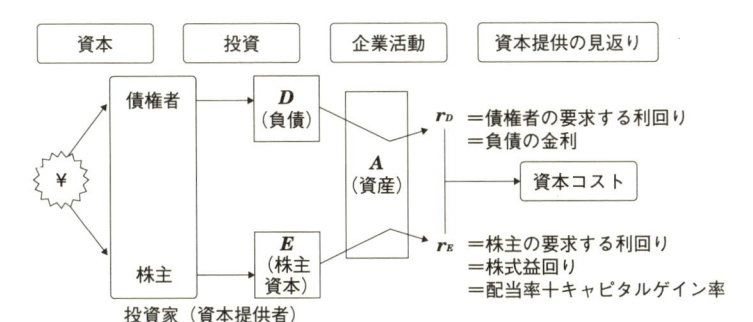

```
  資本        投資     企業活動   資本提供の見返り
        債権者 → D           → r_D = 債権者の要求する利回り
  ¥              (負債)              = 負債の金利
                        A                    → 資本コスト
                      (資産)
        株主 →   E           → r_E = 株主の要求する利回り
              (株主資本)              = 株式益回り
                                    = 配当率＋キャピタルゲイン率
  投資家（資本提供者）
```

債権者はローリスク、ローリターン、株主はハイリスク、ハイリターン

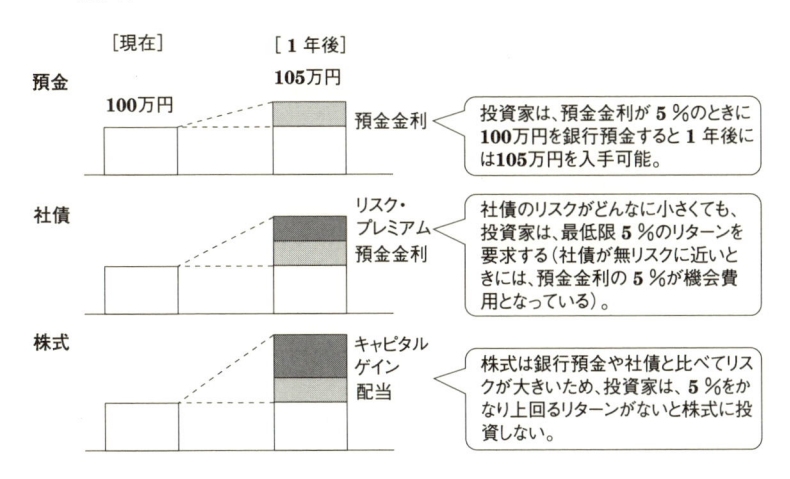

預金　[現在] 100万円　[1年後] 105万円　預金金利
　投資家は、預金金利が5％のときに100万円を銀行預金すると1年後には105万円を入手可能。

社債　リスク・プレミアム／預金金利
　社債のリスクがどんなに小さくても、投資家は、最低限5％のリターンを要求する（社債が無リスクに近いときには、預金金利の5％が機会費用となっている）。

株式　キャピタルゲイン／配当
　株式は銀行預金や社債と比べてリスクが大きいため、投資家は、5％をかなり上回るリターンがないと株式に投資しない。

しば見受けられる誤解は、企業が株主に支払わなければならないのは配当であるので、株主に対する資本コストは、配当利回り（$=\dfrac{年間配当金}{株価}\times 100$）であり、株式での調達コストは負債での調達コストよりも低いという認識です。

50 WACC（加重平均資本コスト）

「資本コスト」の計算方法には「$WACC$（ワック：Weighted Average Cost of Capital）」があり、それは「資本コスト」を負債による調達コストと株式による調達コストの加重平均として求める方法です。

$D=$ 長期負債の時価総額、$E=$ 株式の時価総額（$=$ 株式の時価×発行済み株式数）、$t=$ 実効税率、$r_D=$ 負債での調達コスト（金利）、$r_E=$ 株式での調達コスト（株式益回り）とすれば、資本コスト（$WACC$）は、

$$WACC = \frac{D}{D+E} \times (1-t) \times r_D + \frac{E}{D+E} \times r_E$$

で定義されます。ここで、株式益回り（r_E）は CAPM（☞ p.54）によって、

$$r_E = r_f + \beta(r_M - r_f)$$

で計算されています。かくて、資本コスト（$WACC$）の構成要素は次のものです。

① 長期負債の時価総額（D）

　$WACC$ の定義式中の負債は、貸借対照表上のすべての負債ではなく、長期負債だけです。というのは、キャッシュを生み出す源泉となる資産を形成するのは、あくまでも長期負債と株主資本であるからです。短期の流動負債は運転資本を支えるためのものであり、キャッシュを生み出すための資産を形成するのに使われているわけではないからです。貸借対照表上では、長期借入金は返済期限が1年以内になると、流動負債に繰り入れられますが、資本コストを計算するときには D の中に含められなければなりません。ファイナンス理論が問題にするのは事業の市場評価額であるので、長期負債と株主資本はともに簿価（過去のある時点における取得価格）ではなく、時価で評価されなければなりません。ただし、負債については、市場で流通している社債以外は時価のデータが入手できないので、簿価をもって代用します。

② 株主資本の時価総額（E）

　株主資本の時価総額は、発行済み株式数に現在の株価を掛けたものです。

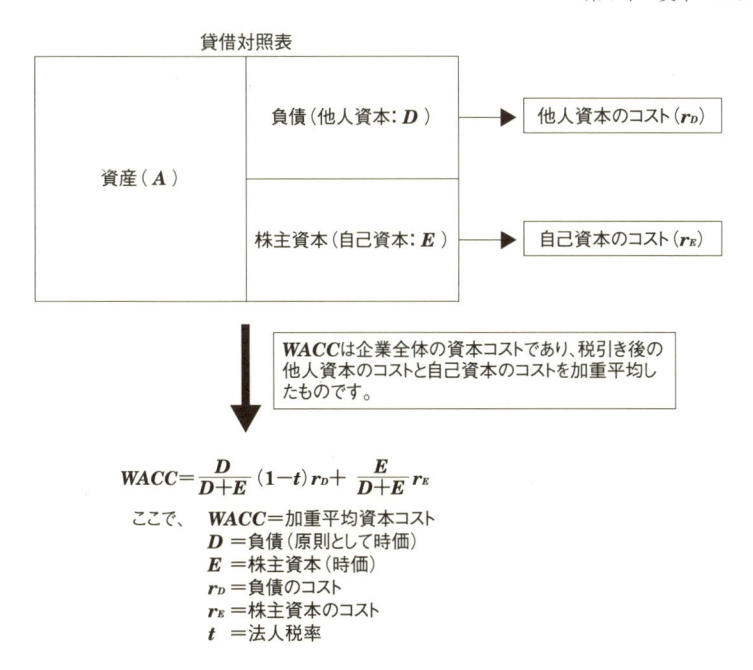

```
                貸借対照表
        ┌──────┬─────────────────┐
        │      │ 負債(他人資本: D) │ → 他人資本のコスト($r_D$)
        │資産(A)├─────────────────┤
        │      │株主資本(自己資本: E)│ → 自己資本のコスト($r_E$)
        └──────┴─────────────────┘
                    ↓
            WACCは企業全体の資本コストであり、税引き後の
            他人資本のコストと自己資本のコストを加重平均し
            たものです。
```

$$WACC = \frac{D}{D+E}(1-t)r_D + \frac{E}{D+E}r_E$$

ここで、　$WACC$ ＝加重平均資本コスト
　　　　　D ＝負債（原則として時価）
　　　　　E ＝株主資本（時価）
　　　　　r_D ＝負債のコスト
　　　　　r_E ＝株主資本のコスト
　　　　　t ＝法人税率

③　負債の実質負担コスト $[(1-t) \times r_D]$

　金利（r_D）に$(1-t) = (1-実効税率)$を掛けているのは、金利費用が損金として処理され、その分だけ税金の負担が少なくなるからです。例えば、金利を4％、実効税率（t）を50％とすると、キャッシュフローから見た負債の実質負担コストは2％です。

④　株式益回り（r_E）

　株主資本のコスト（株式益回り）はCAPM$[r_E = r_f + \beta(r_M - r_f)]$から求められます。ただし、まったくの新規事業に進出したり、企業買収などの大型の投資をすることで資本構成（DとEの割合）が大きく変化するような場合には、調整が必要です。

第2部 企業財務の理論
第8章 投資決定理論

設備投資、住宅投資、研究開発投資、人材開発投資、財テクなどはいずれも「投資」と呼ばれ、投資対象には、実物資産・金融資産、有形資産・無形資産などさまざまなものがあります。企業はキャッシュを調達し、そのキャッシュで有形・無形資産を購入します。そして、有形・無形資産からキャッシュを生み出し、そのキャッシュを投資家に返済します。かくて、「投資」とは対象が何であれ、キャッシュのアウトプットであるリターンを求めて、キャッシュをインプットすることと定義されます。

　投資プロジェクトには、リスク、回収の期間、回収のタイミング、リターンの形態、税金、資本コスト、投資の形態などについてさまざまな特性があり、これらの特性を一元的に評価する指標に「*NPV*（Net Present Value：正味現在価値）」があります。

51 NPV（正味現在価値）ルール

投資プロジェクトを実施すべきか否かを決める場合や、複数の投資プロジェクト候補の中から最良のものを選ぶ場合に必要となるのが「バリュエーション（投資の価値計算）」です。バリュエーションの代表的な方法に、NPV（正味現在価値：Net Present Value）の算出があります。投資プロジェクトを実施すべきか否かについては、NPV がプラスであれば、プロジェクトを実行すべきと判断できます。複数の投資プロジェクト候補の中からどれを実施すべきかについては、NPV が最大のものを実行すべきと判断できます。

NPV（正味現在価値）の定義式は次のものです。

$$NPV = FCF_0 + \frac{FCF_1}{1+r} + \cdots\cdots + \frac{FCF_n}{(1+r)^n}$$

ここで、FCF_i（$i = 0 \sim n$）= 第 i 期間のフリーキャッシュフロー、r = WACC（資本コスト）、n = 投資プロジェクトからフリーキャッシュフローが得られる期間です。つまり、NPV を計算するためには、年ごとのフリーキャッシュフロー（FCF_i）、WACC（r）、期間（n）の３つの要素が必要です。NPV は、ファイナンス理論の主要な要素をすべて含んでいます。NPV の特徴は、次のようにまとめることができます。

① 「会計は見解、キャッシュは事実」と言われています。NPV は、一義的な値をとるフリーキャッシュフローの考え方を使うことで、どのような投資プロジェクトであってもリターンとリスクを適切かつ一元的にとらえることができます。

② リターンの価値はそれが得られるタイミングによって変化します。NPV は現在価値であるので、投資プロジェクトから得られるリターンの時間的価値をとらえることができます。

③ WACC にはプロジェクトのリスクが織り込まれています。NPV は、資本コスト（WACC）を割引率として使うことで、投資プロジェクトのリスク（ベータ・リスク）を反映した評価を行うことができます。

NPVの求め方

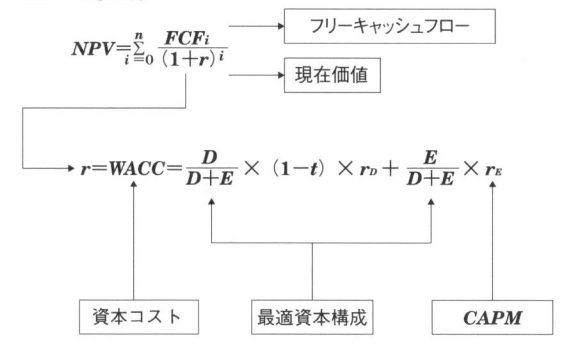

$$NPV = \sum_{i=0}^{n} \frac{FCF_i}{(1+r)^i}$$

→ フリーキャッシュフロー
→ 現在価値

$$r = WACC = \frac{D}{D+E} \times (1-t) \times r_D + \frac{E}{D+E} \times r_E$$

資本コスト　　最適資本構成　　CAPM

NPVルールの計算例

時期		現在	第1期	第2期	第3期	第4期	合計
フリーキャッシュフロー		−100	30	30	30	30	—
現在価値	5%	−100	28.56	27.21	25.92	24.69	6.38
	10%	−100	27.27	24.78	22.53	20.46	−4.93

割引率が5%のときは、プロジェクトのNPVはプラスになるが、割引率が10%のときはマイナスになる

$$NPV = -100 + \frac{30}{1+0.05} + \frac{30}{(1+0.05)^2} + \frac{30}{(1+0.05)^3} + \frac{30}{(1+0.05)^4} = 6.38 > 0$$

$$NPV = -100 + \frac{30}{1+0.1} + \frac{30}{(1+0.1)^2} + \frac{30}{(1+0.1)^3} + \frac{30}{(1+0.1)^4} = -4.93 < 0$$

$NPV > 0$　ならば、プロジェクトを実行します。
$NPV < 0$　ならば、プロジェクトを実行しません。

【知っておきましょう】　フリーキャッシュフロー（FCF）

　フリーキャッシュフローは、
① 投資プロジェクトの資金調達を100%株主資本で行った場合のキャッシュフロー、つまり、長期負債ゼロで投資プロジェクトを行った場合のキャッシュフロー
② 営業利益×(1−税率)＋減価償却費−投資−運転資本の増加
のいずれかで定義されています。長期負債はゼロであるので、金利費用は発生しません。ですから、キャッシュフローの計算では「純利益」が用いられますが、フリーキャッシュフローの計算では「営業利益」を用います。

52 投資回収期間ルールと内部収益率（*IRR*）ルール

ファイナンス理論は、*NPV* を最も適切な投資管理指標としています。しかし、ビジネスの現場においては、次の投資管理指標も用いられています。

(1) 回収期間

「回収期間」指標とは、投資金額が何年で回収されるかを調べ、その期間がガイドラインとなっている期間よりも短ければ投資を実行する、という評価方法です。プロジェクトのキャッシュフローを、例えば、

第0期　−200
第1期　　80
第2期　　90
第3期　　100
第4期　　110
第5期　　120

とすると、

$200 = 80 + 90 + (30)$

$30 \div 100 = 0.3$

であるので、回収期間は2.3年（第1、2期および第3期の$\frac{30}{100}$）です。

(2) 内部収益率（*IRR*）

「内部収益率」とは、*NPV* がゼロになるような割引率のことです。与えられたフリーキャッシュフローに対して、割引率を決めて現在価値を求めるのが *NPV* であり、正味現在価値をゼロと決めて割引率を求めるのが *IRR* です。つまり、

$$0 = \sum_{i=0}^{n} \frac{FCF_i}{(1+r)^i}$$

を満たす r が「内部収益率（*IRR*：Internal Rate of Return）」と呼ばれ、投資判断基準は、

$IRR > WACC$

です。ただし、*IRR* の欠点は次のものです。

投資回収期間ルール

時期	現在	第1期	第2期	第3期	第4期	第5期
フリーキャッシュフロー	−200	80	90	100	110	120

プロジェクトの初期投資

$200 = 80 + 90 + (30)$
$30 ÷ 100 = 0.3$
であるので、投資回収期間は 2.3 年です。

投資回収期間＜基準年数ならば、プロジェクトを実行します。
投資回収期間＞基準年数ならば、プロジェクトを実行しません。

内部収益率（IRR）ルール

$$NPV = -100 + \frac{30}{1+r} + \frac{30}{(1+r)^2} + \frac{30}{(1+r)^3} + \frac{30}{(1+r)^4} = 0$$

を満たす割引率（r）が内部収益率（IRR）です。

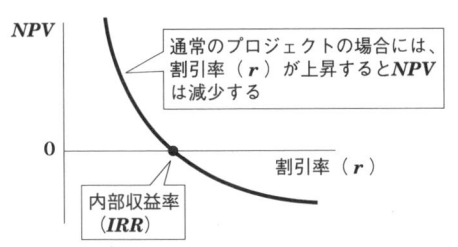

通常のプロジェクトの場合には、割引率（r）が上昇するとNPVは減少する

内部収益率（IRR）

$IRR > WACC$ならば、プロジェクトを実行します。
$IRR < WACC$ならば、プロジェクトを実行しません。

① $0 = \sum_{i=0}^{n} \frac{FCF_i}{(1+r)^i}$ を満たす r が存在しない場合があります。

② 割引率（$WACC$）が変化するような場合には、IRR は使えません。

③ IRR は、規模の違いを反映していません。

④ NPV の場合は永続価値を使うことでタイムフレームを無限に延ばすことができますが、IRR の場合は期間を設定しなければなりません。

⑤ 絶対額の表示ではなく、パーセンテージで表されていることが、実務家にとっては逆に不便な場合があります。

第2部　企業財務の理論
第9章　企業価値

　ニッポン放送の新株予約権発行を差し止めた2005年3月11日の東京地裁の仮処分決定は、「企業価値」を巡って行われた日本で初めての司法判断でした。「仮処分決定」のポイントは次のとおりです。

① 　ニッポン放送の「企業価値」とは、同放送ひいては、ライブドア、フジテレビジョンといった大株主を含めた株主全体の利益のことです。一般論として、特定の株主の支配権取得によって、ニッポン放送の企業価値が毀損すると予想される場合には、同放送の取締役は新株予約権の発行などにより、特定の株主の支配権取得を防止することができます。

② 　ニッポン放送は、亀渕社長を含む現経営陣の体制維持を主たる目的とする新株予約権の発行はできません。ライブドアの支配権取得を新株予約権の発行によって防止することを正当化するためには、ニッポン放送は「ライブドアの子会社になることが、同放送の企業価値を著しく毀損する」ことを証明しなければなりません。

③ 　ニッポン放送には、ライブドア、フジテレビジョンなどの株主のほかにも、従業員・取引先・顧客（リスナー）・地域社会などの利害関係者（ステークホルダー）がいます。これら利害関係者の利益を高めることは、長期的にはニッポン放送の企業価値を高めることにつながるので、同放送の企業価値の検討にあたっては、ニッポン放送の従業員やリスナーなどの利害関係者の利益をも考慮する必要があります。ただし、ニッポン放送がフジテレビ、ライブドアのいずれの傘下になったほうが、利害関係者の利益を高めるのかを数値化して比較することは困難です。

④ 　ライブドア、フジテレビジョンのいずれも、ニッポン放送の企業価値は同放送の株主価値ととらえています。ライブドア、フジそれぞれの事業計画に基づいた収益見通しを判断するのはニッポン放送の株主の仕事です。

⑤ 　東京地裁の仕事は、ライブドア、フジそれぞれの事業計画のいずれが優れているかを判断することではなく、ニッポン放送がライブドアの子会社になることが、同放送の企業価値を著しく毀損するかどうかを検証することです。

⑥ 　ニッポン放送がライブドアの子会社となった場合、同放送はフジサンケイグルー

プから離脱することにより企業価値を低めるかもしれません。しかし、ライブドア傘下でニッポン放送の企業価値は高まるかもしれず、ライブドアの支配権取得によりニッポン放送の企業価値が著しく毀損されることは明らかではありません。したがって、ニッポン放送は、企業価値の毀損防止のための手段という理由では、新株予約権の発行を正当化することはできません。

53 公開企業の企業価値

　企業全体の経済的価値、具体的には、企業が将来にわたって生み出すフリーキャッシュフローの現在価値の合計は「企業価値」と呼ばれています。企業価値は、理論株価の算定や、M&A、リストラなどを評価するときの基準になります。ファイナンス理論は、企業経営者が「企業価値の最大化」を目的としていると考えています。

　実際には、企業は、さまざまな投資プロジェクトから構成されており、貸借対照表上の資産は、さまざまな投資プロジェクトの集合体とみなすことができます。企業全体を1つの投資プロジェクトとみなし、その NPV（正味現在価値）を求めたものが「企業価値」です。貸借対照表上の資産は会計学のルールに従って、取得価格で評価されていますが、これを市場価格で評価したものが「企業価値」です。

　貸借対照表上の資産を市場価格で評価するとは、資産が生み出すフリーキャッシュフローの現在価値の合計を求めることです。1つ1つの投資プロジェクトの NPV を求めるのと同様に、「企業価値」は次のようにして算出されます。
① 企業全体のフリーキャッシュフローを予測します。可能な限り（通常は10年間）の、フリーキャッシュフローを予測します。定常状態（通常は11年目以降）になれば、永続価値を用います。
② 資本構成、つまり長期負債と株主資本の時価総額を求めます。長期負債の評価は簿価で代用します。株主資本の時価総額は、現在の株価×発行済み株式数で求めます。
③ 資本コスト（$WACC：r$）を計算します。
$$WACC = \frac{D}{D+E} \times (1-t) \times r_D + \frac{E}{D+E} \times r_E$$
$$r_E = r_f + \beta(r_M - r_f)$$
④ フリーキャッシュフローを資本コストで割り引き、NPV を求めます。

公開企業の企業価値＝資産の市場価値
　　　　　　　　＝株主資本の市場価値＋負債の市場価値
　　　　　　　　≒市場の株価×発行済み株式数＋負債（薄価）

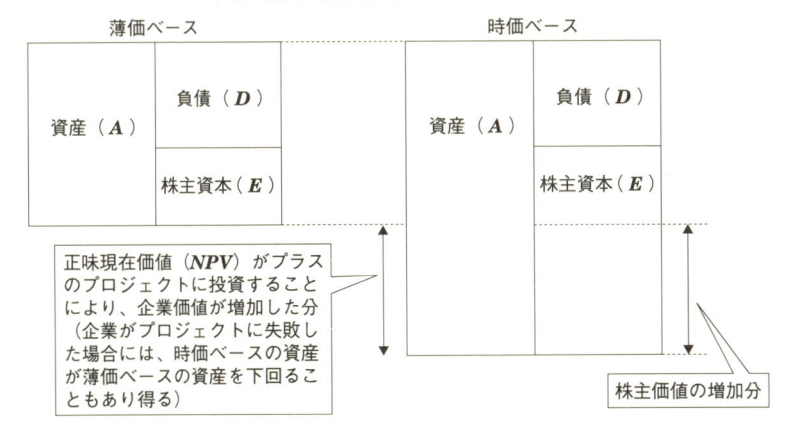

薄価ベース　　　　　　　　　時価ベース

資産（A）　負債（D）　　　資産（A）　負債（D）
　　　　　　株主資本（E）　　　　　　　株主資本（E）

正味現在価値（NPV）がプラスのプロジェクトに投資することにより、企業価値が増加した分（企業がプロジェクトに失敗した場合には、時価ベースの資産が薄価ベースの資産を下回ることもあり得る）

株主価値の増加分

【知っておきましょう】　清算価値と継続価値

　企業価値には、清算価値と継続価値の2種類があります。「清算価値」は、その時点で事業を終了し、企業が保有する資産をすべて売却するときの対価です。「継続価値」は、企業が事業を継続することにより得られる将来にわたって生み出すフリーキャッシュフローの現在価値の合計です。株主は、いつでも企業を解散することができるので、清算価値と継続価値の大きい方が企業価値となります。ただし、清算価値が継続価値を上回っていても、株主のコーポレート・ガバナンスが機能していないときには、企業が清算されないことがあります。

【知っておきましょう】　企業価値の理論値と実際値

　企業の資産が将来にわたって生み出すフリーキャッシュフローの現在価値の合計は企業価値の理論値です。株式が市場で取引されている公開企業の企業価値の実際値は、株主資本の市場価値と負債の市場価値の合計です。市場が十分に機能していれば、企業価値の理論値と実際値は等しくなります。負債の市場価値は企業の倒産確率の変化などに応じて変化するので、厳密には薄価と一致しませんが、通常は市場価値と薄価との間には大きな差は生じません。したがって、企業価値の変動分はすべて株主資本の市場価値に反映されるとみなすことができます。

54 非公開企業の企業価値

株式の時価が存在しない非公開企業の企業価値は以下のように計算します。

① 非公開企業のフリーキャッシュフローの予測

非公開企業のフリーキャッシュフロー（FCF）を予測します。負債（他人資本）で資金調達していても、自己資本100%で資金調達を行っているものとして計算します。フリーキャッシュフローを詳しく予測する必要がありますが、第一次近似計算のために、売上高と費用の構造は現在の水準のまま推移する、補塡投資（減価償却費に見合う投資）のみを行う、運転資本に変化はない、という3つの仮定をおくと、右ページの表に示した企業のフリーキャッシュフローは、

$$FCF = 営業利益 \times (1-税率) + 減価償却費 - 投資 - 運転資本の増加$$
$$= 税引後営業利益$$
$$= 320 \times (1-0.5) = 160$$

です。

② 非公開企業のアンレバード・ベータ・リスクの評価

非公開企業のアンレバード・ベータ・リスクを評価します。アンレバード・ベータ・リスクとは長期負債ゼロの状態におけるベータ・リスクです。株式公開している類似企業のレバード・ベータ・リスクから、業界のアンレバード・ベータ・リスク（β_U）を求めます。以下では、$\beta_U = 0.5$を前提として計算します。

③ 資本構成（資金調達）の決定

非公開企業の場合は、株式が市場で取引されていないため、株式の時価、したがって時価ベースの資本構成がわかりません。このときは、業界の時価ベースの資本構成をベンチマークとして用います。$D = $ 負債（簿価）、$E = $ 株主資本（時価）とすれば、以下では、

$$\frac{D}{D+E} = 0.6$$

を前提として計算します。

第9章　企業価値　133

非公開企業の損益計算書（単位：億円）

	売上高	2600
	営業利益	320
(−)	営業外費用（利子費用）	80
	税引前当期純利益	240
(−)	税金（50%）	120
	当期純利益	120

非公開企業の貸借対照表

流動資産	1000	流動負債	1000
		長期借入金	1500
固定資産	2000	株主資本	500
総資産	3000	総資本	3000

④　非公開企業のレバード・ベータ・リスクの計算

　企業の資本構成に対応した、つまり長期負債がゼロでない状態のベータ・リスクは「レバード・ベータ・リスク」と呼ばれています。ここでは、非公開企業の資本構成は、

$$\frac{D}{D+E} = 0.6$$

であると仮定しているので、$\frac{D}{E} = 1.5$ であり、非公開企業のレバード・ベータ・リスク（β_L）は業界のアンレバード・ベータ・リスク（β_U）を非公開企業の資本構成で調整することにより求めることができます。つまり、

$$\beta_L = \beta_U \times \left(1 + \frac{D}{E}\right) = 1.25$$

です。

⑤　非公開企業の $WACC$（資本コスト）の計算

　資本コスト（$WACC$）は非公開企業の企業価値（NPV）を計算する際の割引率です。資本構成の問題はすべて $WACC$ で考慮され、$WACC$ により資本構成の要素を NPV に反映させることができます。$r_D =$ 長期負債の金利 $= 5\%$、$r_f =$ 安全資産の金利 $= 4\%$、$r_M - r_f =$ マーケットリスク・プレミアム $= 8\%$ とすると、

$$r_E = r_f + \beta_L(r_M - r_f) = 4 + 1.25 \times 8 = 14.0\%$$
$$\frac{D}{D+E} = 0.6$$
$$t = 税率 = 0.5$$

であるので、

$$WACC = \frac{D}{D+E} \times (1-t) \times r_D + \frac{E}{D+E} \times r_E$$
$$= 0.6 \times (1-0.5) \times 5 + 0.4 \times 14$$
$$= 7.1\%$$

です。

⑥ 非公開企業の企業価値（NPV）の計算

フリーキャッシュフローを $WACC$ で割り引いて NPV を計算します。

$$NPV = \frac{FCF}{WACC} = \frac{160}{0.071} \fallingdotseq 2,254億円$$

【知っておきましょう】　簡便法による非公開企業の企業価値算出

　PER（株価収益率：☞ p.102）などを用いて、非公開企業の企業価値を簡便に求めることができます。PER は、「株価が1株当たり利益（EPS）の何倍か」を表す指標ですが、「同じ業界に属する企業の PER は同じような水準にある」という前提を設ければ、同じ業界に属する公開企業の PER をもとにして、非公開企業の企業価値を求めることができます。

$$PER = \frac{株価}{EPS}$$
$$= \frac{株価 \times 発行済み株式数}{EPS \times 発行済み株式数}$$
$$= \frac{株主資本の市場価値}{当期純利益}$$

であるので、

　　非公開企業の企業価値 ＝ 株主資本の市場価値＋負債の市場価値
　　　＝（同一業界の平均 PER ×非公開企業の当期純利益）＋負債の市場価値

です。ただし、この簡便法には、第1にキャッシュフローではなく財務諸表会計上の当期純利益を用いていること、第2に将来の利益水準が反映されていないことなどの問題点があります。

【知っておきましょう】　非公開企業の株価の理論値の計算

株主資本の市場価値（E）は、

$$E = 企業価値(NPV) - 長期負債(D) = 2254 - 1500$$
$$= 754億円$$

です。ですから、理論株価、つまり株価の理論値は、発行済み株式数＝1億株とすると、

$$株価の理論値 = \frac{株主資本の市場価値(E)}{発行済み株式数}$$

$$= \frac{754億円}{1億株} = 754円$$

です。長期負債の簿価は一定であるので、企業価値の変動分はすべて株主資本の市場価値、つまり株価（理論株価）に反映されます。1株当たり754円以下の値段であれば、ここでの非公開企業を買収しても良いと判断できます。株式市場において形成される日々の株価と理論株価がつねに一致する保証はありません。実際の株価は、短期的には、群衆心理などにより乱高下することがありますが、長期的には、理論株価に収斂すると考えられています。理論株価の考え方は、実務において2つの意味をもっています。

① 「あの企業の実際の株価は理論株価と比べて割安である」と判断することが、M&Aの引き金になる場合があります。

② 実際の株価は株式を公開している企業の株式にしかつきませんが、数の上から言えば、公開していない企業の方が多く、理論株価は、未公開企業の株式を手放したり、購入するときの評価基準として使われています。

【知っておきましょう】　有形資産・無形資産と負債比率

コーポレート・ファイナンス論では「事業はその固有の性格によって資本構成が規定される」、すなわち有形資産が事業価値の源泉である事業は負債比率が高く、無形資産が事業価値の源泉である事業は株主資本比率が高いと言われています。これは、有形資産は担保となりお金が借りやすいのに対し、無形資産は担保になりにくいからです。

55 企業価値の創造

ファイナンス論を活用した経営戦略のフレームワークに、マッキンゼー社によって開発された「ペンタゴン（五角形）・フレームワーク」があります。ペンタゴン・フレームワークは、企業が現在の事業を見直し、企業価値の最大化をめざすプロセスを、次の5つの段階に分けています。

① 現在の市場価値（V_1）

現在の株式市場が評価している企業価値は「現在の市場価値（V_1）」と呼ばれています。企業の保有資産を事業用資産と非事業用資産に分類すると、

V_1 ＝ 事業価値（事業用資産の市場価値）＋非事業価値（非事業用資産の市場価値）

です。「事業価値」は、事業の生む将来フリーキャッシュフローの割引現在価値に対する市場評価ですが、投資家によるマーケットを通じた外部評価こそが「企業価値の創造」の出発点であるという認識をもたなければなりません。

② 現状維持価値（V_2）：現在の認識ギャップ

企業がこれまでの延長線上で事業活動を継続した場合に、実現すると思われる企業の価値は「現状維持価値（V_2）」と呼ばれています。現状維持価値は現行の事業計画に基づく将来のフリーキャッシュフローの割引現在価値を計算することによって求められ、それは企業がどれだけ価値創造を行いつつあるのかを見るためのベンチマークになります。現在の市場価値（V_1）と現状維持価値（V_2）との差は「現在の認識ギャップ」と呼ばれています。現在の市場価値に対して現状維持価値の方が小さい（つまり、$V_1 > V_2$）場合は、この企業の経営者は株主の期待に応えていないことになります。逆に、現在の市場価値に対して現状維持価値の方が大きい（つまり、$V_1 < V_2$）場合は、この企業は市場で過小評価されていることになります。

③ 内部的潜在価値（V_3）：各事業部による事業戦略の構築や業務の改善

経営者は「現在の認識ギャップ」を埋めるように、企業の価値を高めねばなりません。企業価値を高めるための第1段階は、各事業部による事業戦略の構

築や業務の改善により、フリーキャッシュフローを増やすことです。現状維持価値に、事業戦略の構築や業務の改善によって期待されるフリーキャッシュフローの割引現在価値（v_3：「事業戦略の価値」と略称）を加えたものは、「内部的潜在価値（V_3）」と呼ばれています。つまり、

　　　内部的潜在価値（V_3）＝ 現状維持価値（V_2）＋事業戦略の価値（v_3）

です。

④　外部的潜在価値（V_4）：本社・持ち株会社による売却・買収

　企業価値を高めるための経営戦略は「各事業部による事業戦略の構築や業務の改善」だけではありません。というのは、企業経営はただ単に各事業部の事業戦略の総和でできているわけではないからです。企業には本社、企業グループには中核企業（持ち株会社）がそれぞれあり、各事業部の戦略に本社戦略、各グループ企業の戦略に持ち株会社戦略がそれぞれ加わって初めて、「企業経営」「企業グループ経営」と呼ばれるものになります。「本社戦略」は各事業部の戦略によって創造される価値を本社の立場からさらに高めることであり、「持ち株会社戦略」とは各グループ企業の戦略によって創造される価値を持ち株会社の立場からさらに高めることです。

　戦略的買手への事業の売却、スピンオフ（分社化）、企業買収、MBO（Management Buy-Out：経営陣による買収）、不採算事業の清算などによるフリーキャッシュフローの最大化は「売却・買収の価値（v_4）」と呼ばれ、内部的潜在価値（V_3）に、売却・買収の価値（v_4）を加えたものは、「外部的潜在価値（V_4）」と呼ばれています。つまり、

　　　外部的潜在価値（V_4）＝ 内部的潜在価値（V_3）＋売却・買収の価値（v_4）

です。

⑤　最適リストラ価値（V_5）：バランスシートの活性化

　企業の保有資産は事業用資産と非事業用資産に分類され、企業価値は「事業価値（事業用資産の市場価値）」と「非事業価値（非事業用資産の市場価値）」の合計です。企業価値を高めるための第3段階は、バランスシートの活性化によりキャッシュフローを増やすことです。

　「バランスシートの活性化」には、非事業用資産（持ち合いの株式、遊休土

地、ゴルフ場の会員権、美術品など)の見直しと、レバレッジの2つの方法があります。「非事業用資産の見直し」とは、文字通り、事業とは直接結びついていない資産を保有していることに対する見直しです。例えば、持ち合いの株式や遊休土地を売却して得たキャッシュで事業用資産を購入した方が、企業の価値を高めることになるかもしれません。また、「レバレッジ」によるバランスシートの活性化とは、事業の状況から判断して、安定したキャッシュフローが期待できるのであれば、負債比率を上げて、資本コストを下げることによる企業価値の創造です。

バランスシートの活性化によるフリーキャッシュフローの最大化は「バランスシートの活性化による価値(v_5)」と呼ばれ、外部的潜在価値(V_4)に、バランスシートの活性化による価値(v_5)を加えたものは、「最適リストラ価値(V_5)」と呼ばれています。つまり、

最適リストラ価値(V_5) = 外部的潜在価値(V_4)
　　　　　　　　　　　＋バランスシートの活性化による価値(v_5)

です。

「最適リストラ価値」は、企業が持つ潜在能力をフルに発揮しているときの企業価値であり、現在の市場価値(V_1)と最適リストラ価値(V_5)の差が、経営者によって創造されうる企業価値です。

ペンタゴン・フレームワークは、現在の市場価値(V_1)、現状維持価値(V_2)、内部的潜在価値(V_3)、外部的潜在価値(V_4)、最適リストラ価値(V_5)の5つの企業価値を取り上げ、企業が現状維持価値をベンチマークとして、いかにすれば「企業価値の創造」を行うことができるのかを問題にしています。

企業価値の創造プロセスにおいては、株主、各事業部、本社・持ち株会社がそれぞれの役割を果たしていますが、「企業価値の創造は、株主の評価で始まり、株主の判断で終わる」ということを銘記しなければなりません。

すなわち、企業価値の創造は、現在の市場価値(V_1)と現状維持価値(V_2)との差である「現在の認識ギャップ」の発生から始まります。株主の評価が「現在の市場価値(V_1)」を決定するので、企業価値の創造は株主の評価から始まると言うことができます。ベンチマークとしての現状維持価値(V_2)に、

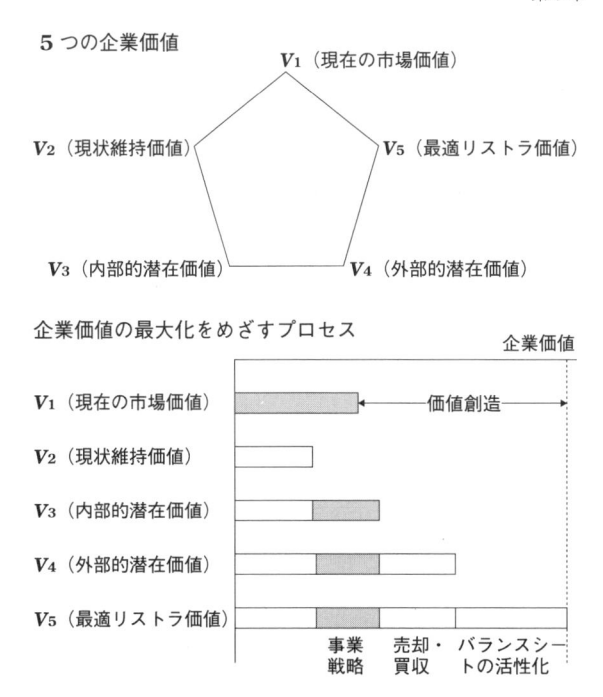

5つの企業価値

- V_1（現在の市場価値）
- V_2（現状維持価値）
- V_5（最適リストラ価値）
- V_3（内部的潜在価値）
- V_4（外部的潜在価値）

企業価値の最大化をめざすプロセス

各事業部によって「事業戦略の価値」が加えられ、本社・持ち株会社によって「売却・買収の価値」「バランスシートの活性化による価値」が加えられ、最適リストラ価値（V_5）になりますが、株主は、各事業部や本社・持ち株会社によるこれらの施策を評価し、企業がその潜在能力をフルに発揮して、「最適リストラ価値」を達成しているか否かを最終判断します。下手な経営を行って最適リストラ価値を達成していない状態は「企業価値創造の失敗」と呼ばれ、「M&A」による利益が発生します。つまり、

　　最適リストラ価値（V_5）－現在の市場価値（V_1）＝ M&Aの利益

です。最適リストラ価値の実現に失敗している企業は、現在の市場価値（V_1）で買収された後に、不採算部門の切り捨て、余剰人員の整理などの荒療治が行われ、最適リストラ価値を実現すると、M&Aの利益を生み出します。

　企業価値創造に失敗している企業は乗っ取り屋のターゲットになる危険にさらされ、M&Aが起こり得るから、経営者は必死になって企業価値の創造を行わざるをえないのです。

56 EVA^{TM}（経済付加価値）と MVA（市場付加価値）

(1) EVA^{TM}（Economic Value Added：経済付加価値）

企業価値を高めるためには、投資家（債権者と株主）から要求されるリターンを上回る利益を上げなければなりません。利益から投資家の要求リターンを差し引いたものは「超過利益」と呼ばれ、企業価値最大化経営が普及するにしたがって、多くの企業で重視されるようになっています。

EVA^{TM}（スターン・スチュアート社の登録商標）は「超過利益」の1つの指標であり、

$$EVA^{TM} = 営業利益 \times (1-税率) - 資本の使用料$$
$$= 税引き後営業利益 - (投下資本額 \times WACC)$$

と定義されます。税引き後営業利益は $NOPAT$（Net Operating Profit After Tax）と呼ばれています。投下資本額は減価償却されるにつれて減少していきます。EVA^{TM} は、「ファイナンス理論を大学から役員室、さらには企業活動の現場に持ち込んだもの」と言われ、企業価値最大化経営が普及するにしたがって、業績を評価し、インセンティブ報酬を決定する基準として幅広く用いられるようになってきています。ただし、EVA^{TM} には、当該年度の企業価値創造額を企業の役員や現場の担当者の目に見えるようにするというメリットがありますが、一方で、将来における企業価値創造額が反映されないというデメリットもあります。

(2) MVA（市場付加価値）

EVA^{TM} は、当期中に創造された企業価値を表していますが、企業がある事業に投資すると、その事業が継続している間は、当期だけでなく、次期以降も企業価値が創造されることになります。将来にわたる EVA^{TM} の系列の現在価値の合計は MVA（Market Value Added：市場付加価値）と呼ばれ、

$$MVA = \sum_{t=1}^{n} \frac{EVA_t^{TM}}{(1+r)^t}$$

と定義されます。

EVA^{TM}・MVAの計算

	0	1	2	3	4
税引き前営業利益		50	50	50	50
（−）法人税（40%）		20	20	20	20
$NOPAT$ Ⓐ		30	30	30	30
当初投資	100				
（−）減価償却			25	25	25
投下資本		100	75	50	25
$WACC$		0.1	0.1	0.1	0.1
資本のコスト Ⓑ		10	7.5	5	2.5
EVA^{TM}（Ⓐ−Ⓑ）		20	22.5	25	27.5

$$MVA = \frac{20}{1+0.1} + \frac{22.5}{(1+0.1)^2} + \frac{25}{(1+0.1)^3} + \frac{27.5}{(1+0.1)^4} \fallingdotseq \boxed{74.3}$$

NPVの計算

	0	1	2	3	4
初期投資	−100				
営業利益		75	75	75	75
（−）減価償却費		25	25	25	25
税引き前利益		50	50	50	50
（−）法人税（40%）		20	20	20	20
税引き後利益		30	30	30	30
（＋）減価償却費		25	25	25	25
キャッシュフロー	−100	55	55	55	55

$$NPV = -100 + \frac{55}{1+0.1} + \frac{55}{(1+0.1)^2} + \frac{55}{(1+0.1)^3} + \frac{55}{(1+0.1)^4} \fallingdotseq \boxed{74.3}$$

【知っておきましょう】　MVA（市場付加価値）とNPV（正味現在価値）

　NPV（正味現在価値）のアプローチは、プロジェクトごとに創造された価値を合計することにより、企業活動により創造された価値の総額を求めています。MVA（市場付加価値）のアプローチは、各期間ごとのEVA^{TM}の現在価値を合計することにより、企業活動により創造された価値の総額を求めています。MVA（市場付加価値）とNPV（正味現在価値）の2つのアプローチは異なりますが、両アプローチの計算結果は等しくなります。

第2部　企業財務の理論
第10章　MM（モジリアーニ＝ミラー）理論

　「東京スタイル　きょう株主総会」、「村上氏、大幅増配を提案」、「試される機関投資家」という見出しのもとに、次のような新聞記事がありました。「議決権の争奪戦で揺れる婦人服大手、東京スタイルの株主総会が23日開かれる。実質筆頭株主の村上世彰氏が大幅増配などを株主提案し、株主への利益配分を巡り会社側と真っ向から対立している。各議案に対し出席株数の過半の賛成を得た方の言い分が通る。機関投資家や持ち合い先企業がどんな意思表示をするのかも注目点だ。最大の焦点は2002年2月期の利益処分案。会社提案が1株当たり、前期比7.5円増の20円配当なのに対し、村上氏は1株当たり500円配当（総額500億円相当）を要求している。村上氏の根拠は1200億円ある現預金と有価証券。年商の約2年分に匹敵、時価総額（22日終値ベース、1060億円）を上回る。『使い道のないお金は全部株主に返せ』という主張だ」（『日本経済新聞』2002年5月23日）。「財務政策」には、最適資本構成と配当政策の2つがあり、財務政策と企業価値の関係を理解することが学習のポイントです。

東京スタイル株主総会結果　　　　（単位：千株）

	内容	賛成	否認	採決結果
会社側提案	年間配当20円（記念配当7円50銭含む）	48,081	37,456	可決
	自社株買い1030万株（発行済み株式数の約10％、取得額上限123億円）	45,522	40,015	可決
	〈社外取締役選任〉岩崎雄一氏（ルミネ会長）	68,146	17,391	可決
	日向隆氏（東京産業信用金庫理事長）	68,093	17,444	可決
村上氏提案	年間配当500円	―	―	否決
	自社株買い3400万株（同約33％、同500億円）	―	―	否決
	〈社外取締役選任〉奥村有敬氏（元興銀常務）	40,824	44,713	否決
	三枝和氏（経営コンサルタント）	40,760	44,777	否決

▽有効議決権株数合計…85,537（総議決権株数の約85％）
▽総議決権株数合計…100,519
出所：『日本経済新聞』2002年5月24日。
注：―は会社側提案が可決されたことで、詳細を公表せず。

57 MM理論の第一命題：資本構成と企業価値

　企業の資金調達方法には、自己資本（内部資金、株式など）と他人資本（銀行借入、社債など）があります。不確実性下、企業はどのような資金調達手段を用いて、投資資金を調達すればよいのでしょうか。

　同一の投資プロジェクトに直面しているが、資金調達方法すなわち「資本構成」だけが異なっている2つの企業を考えます。同一の投資プロジェクトとは、プロジェクトの期間当たりの営業利益（利子支払前利益）が同一であることを、資本構成だけが異なっている2つの企業とは、U（unlevered firm）、L（levered firm）の2つの企業が存在することをそれぞれ意味しています。

　企業Uは投資プロジェクトを実行するための資金をすべて自己資本で調達し、企業Lは自己資本と他人資本の両資本で調達しています。$\frac{他人資本}{自己資本}$（負債の自己資本に対する比率）は「負債比率」「財務レバレッジ」と呼ばれています。資本構成だけが異なる企業の経済価値、つまり「企業価値」は市場においてどのように評価されるのでしょうか。

　　企業価値 ＝ 企業の株式時価総額＋企業の負債価値総額

で求められます。企業Uは株式のみで資金調達し、企業Lは株式と社債で資金調達しているので、2つの企業の「企業価値」はそれぞれ、

　　$V_U = E_U$　　　　（企業Uの価値）
　　$V_L = E_L + D_L$　　（企業Lの価値）

です。ここで、

　　V_U, V_L ＝ 企業 U, L の総価値
　　E_U, E_L ＝ 企業 U, L の発行済み株式総数を市場価格評価した株式時価総額
　　D_L ＝ 企業Lの発行済み社債を市場価格評価した社債時価総額

です。資本市場の完全性を前提とすれば、投資家の裁定取引行動により、均衡では、

　　$V_U = E_U = E_L + D_L = V_L$

が成立します。

第10章　MM（モジリアーニ＝ミラー）理論

つまり、同一の投資プロジェクトに直面しているが、資本構成だけが異なっている2つの企業U, Lの総価値は等しくなります。換言すれば、企業価値はバランスシートの左側の資産サイド（営業利益）のみによって決定され、右側の資本構成（資金調達方式）からは独立です。これは「MM（モジリアーニ＝ミラー）の第一命題（無関連性命題）」と呼ばれています。

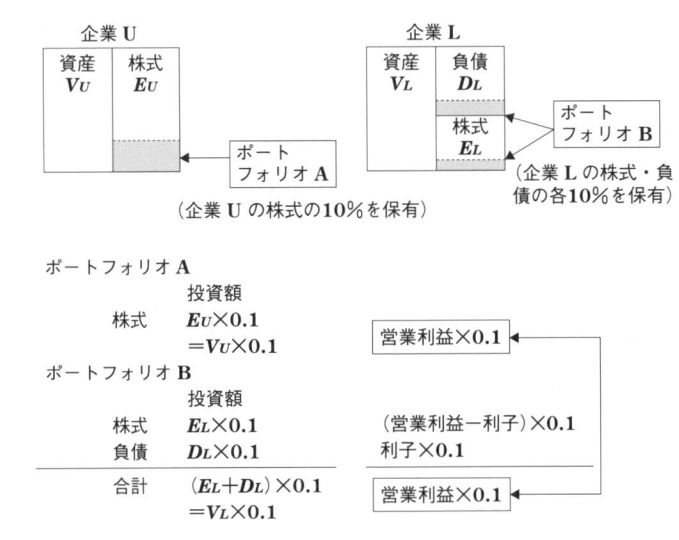

```
企業 U                  企業 L
資産 │ 株式            資産 │ 負債 $D_L$
$V_U$ │ $E_U$          $V_L$ ├──────  ← ポートフォリオ B
      │                     │ 株式
      │  ← ポートフォリオ A      │ $E_L$
                                     （企業Lの株式・負
（企業Uの株式の10%を保有）           債の各10%を保有）
```

ポートフォリオ A
　　　　　　　投資額
　株式　　　$E_U×0.1$　　　　　　　　　　営業利益×0.1
　　　　　　＝$V_U×0.1$

ポートフォリオ B
　　　　　　　投資額
　株式　　　$E_L×0.1$　　　　（営業利益－利子）×0.1
　負債　　　$D_L×0.1$　　　　利子×0.1
　────────────────────────
　合計　　　$(E_L+D_L)×0.1$　営業利益×0.1
　　　　　　＝$V_L×0.1$

企業Uの株式を10%保有しても（ポートフォリオA）、企業Lの負債、株式を10%ずつ保有しても（ポートフォリオB）、投資家の裁定取引行動により、2つのポートフォリオは同じ価値 $[E_U×0.1 = (E_L+D_L)×0.1]$ をもつようになり、それは2つの企業が同じ価値（$V_U×0.1 = V_L×0.1$）をもつことを意味しています。

【知っておきましょう】　投資家の裁定取引行動
　ポートフォリオA, Bの価値に差があるとすると、割安なポートフォリオを買うと同時に、割高なポートフォリオを売ることにより、リスクを負うことなく利益を得ることができます。このような取引は「裁定取引」と呼ばれ、裁定取引を通じて、ポートフォリオA, Bの価値は同一水準にサヤ寄せされます。

58 MM理論の第二命題：資本構成と期待収益率

ROE および ROE の標準偏差は株主から見た企業のリターンとリスクであり、

$ROE = ROA + (ROA - 負債利子率) \times \left(\dfrac{負債}{自己資本}\right)$

ROE の標準偏差 $= ROA$ の標準偏差 $+ ROA$ の標準偏差 $\times \left(\dfrac{負債}{自己資本}\right)$

です。負債比率 $\left(= \dfrac{負債}{自己資本}\right)$ の上昇により、株主から見た企業のリターンとリスクは高まります。

しかし、MM（モジリアーニ＝ミラー）の第一命題（無関連性命題）によれば、企業が負債比率を高めても、株主にとっての企業価値、すなわち株価は上昇しないことになります。それは、負債比率の上昇により、ROE のリターンは上昇するものの、それと同時にちょうどその効果を相殺するだけ、ROE のリスク（標準偏差）が高まるからです。

モジリアーニ＝ミラーは、株式のリターンと負債比率（財務レバレッジ）の関係について、「完全市場の前提の下では、株式のリターン（期待収益率：r_E）は負債比率 $\dfrac{D}{E}$ に正比例する」ことを証明しています。これは「MM（モジリアーニ＝ミラー）の第二命題」と呼ばれています。投資家が、企業Lの発行している負債 D と株式 E を全額保有しているとします。この投資家は企業Lの利益を全額受け取るため、投資家のポートフォリオのリターンは企業の資産サイドから生じるリターン（r_A）です。ポートフォリオのリターン（r_A）は、

$r_A = \dfrac{D}{D+E} \times r_D + \dfrac{E}{D+E} \times r_E$

です。ここで、$r_D =$ 負債のリターン、$r_E =$ 株式のリターンです。上式より、

$r_E = r_A + \dfrac{D}{E} \times (r_A - r_D)$

が得られます。この式が「MMの第二命題」の式であり、右ページの図は縦軸に株式のリターン（r_E）、横軸に負債比率 $\dfrac{D}{E}$ をとって、それを図示したものです。MMの第二命題によれば、r_A は負債比率 $\dfrac{D}{E}$ が上昇しても一定です。r_D は倒産コストゼロであるので、一定です。$(r_A - r_D) > 0$ であれば、図は右上がりの直線になります。

第10章　MM（モジリアーニ＝ミラー）理論　147

株式のリターン (r_E)

株式のリターン：r_E
企業のリターン：r_A
財務リスク・プレミアム
事業リスク・プレミアム
社債のリターン：r_D

r_A
r_D

0　　負債比率 $\left(\dfrac{D}{E}\right)$

$$r_A = \frac{D}{D+E} \times r_D + \frac{E}{D+E} \times r_E$$

ここで、r_A：企業のリターン
　　　　r_D：負債のリターン
　　　　r_E：株式のリターン

$$r_E = r_A + \frac{D}{E} \times (r_A - r_D)$$

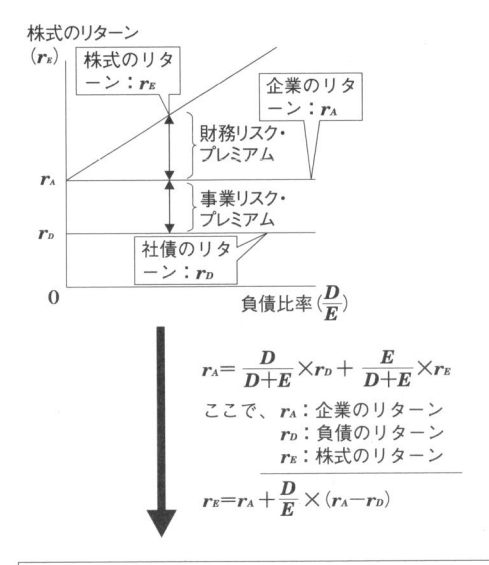

| 事業リスク・プレミアム（$r_A - r_D$）：「資産」サイドのリスク・プレミアム |

| 財務リスク・プレミアム（$r_E - r_A$）：「負債・資本」サイドのリスク・プレミアム |

$$r_E - r_A = \frac{D}{E} \times (r_A - r_D)$$

と変形すれば、$(r_E - r_A)$は「財務リスク・プレミアム」、$(r_A - r_D)$は「事業リスク・プレミアム」とそれぞれ呼ばれるものであるので、

　　財務リスク・プレミアム ＝ 負債比率×事業リスク・プレミアム

です。

第2部 企業財務の理論
第11章　最適資本構成

MM理論の重要な仮定は金融資本市場の完全性です。市場の完全性の主たるものは、取引費用がゼロであること、情報の完全性（対称性）です。MM理論の第一命題（最適資本構成の不定）は金融資本市場の完全性によって保証されているもので、市場の不完全性を仮定すると、最適資本構成を論じることができます。現実の世界では、法人税や倒産リスクが存在するので、MM理論の命題の前提は満たされず、資金調達手段の選択が重要になります。

　企業価値の最大化を実現するためには、貸借対照表の右側、つまり資本構成についても検討する必要があります。企業の資金調達方法には、負債（D）と株式（E）の2つがあります。負債（D）と株式（E）の最良の組み合わせは「最適資本構成」と呼ばれています。理論的には、負債比率$\left(\dfrac{D}{E}\right)$が上昇したときに、節税効果の現在価値の増加分が、倒産リスクの高まりによる現在価値の減少分によってちょうど相殺されるところが最適資本構成です。

59 法人税と資本構成

同じ資産価値100億円をもっているが、資本構成（資金調達方法）が異なる2つの企業 U, L を取り上げましょう。フリーキャッシュフロー（FCF）は、資金調達を100％株主資本で行った場合のキャッシュフローです。減価償却費と更新投資は同額である、運転資本の増減はないと仮定すると、

$$FCF = 営業利益 \times (1-税率) + 減価償却費 - 投資 - 運転資本の増加$$
$$= 営業利益 \times (1-税率) = 40 \times (1-0.5) = 20$$

です。法人税が存在する世界で、企業の資本構成が企業価値にどのような影響を与えるかを見ましょう。

(1) **株主資本100％による資金調達（企業 U）**

株主資本が100％のときは、

$$WACC = \frac{D}{D+E} \times (1-t) \times r_D + \frac{E}{D+E} \times r_E = r_E = 12\%$$

であるので、企業の永続価値は、$\frac{FCF}{WACC} = \frac{20}{12\%} \fallingdotseq 167$億円です。

(2) **負債50％と株主資本50％による資金調達（企業 L）**

負債が50％、株主資本が50％のときは、

$$WACC = \frac{D}{D+E} \times (1-t) \times r_D + \frac{E}{D+E} \times r_E$$
$$= \frac{50}{100} \times (1-50\%) \times 8\% + \frac{50}{100} \times 12\% = 8\%$$

であるので、企業の永続価値は、$\frac{FCF}{WACC} = \frac{20}{8\%} = 250$億円です。

企業の永続価値は、株主資本100％による資金調達のとき167億円、負債50％と株主資本50％による資金調達のとき250億円となり、企業価値は負債を利用した方が大きいことがわかります。つまり、

企業Lの価値(250) ＝ 企業Uの価値(167) ＋ 節税効果の現在価値

両者のちがいは資本コスト（$WACC$）の大きさのちがいによるものです。つまり、負債の方が株主資本よりも資金調達コストが低く、さらに税の課税対象から、他人資本（負債）に対する支払金利を経費として控除できるので、負債が増えれば増えるほど資本コストが下がるからです。

第11章　最適資本構成

企業 U

資産（A）	株主資本（E）
100	100

企業 L

資産（A）	負債（D） 50
100	株主資本（E） 50

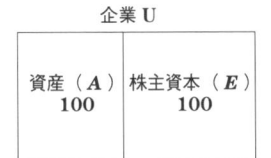

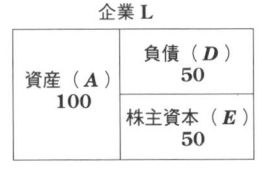

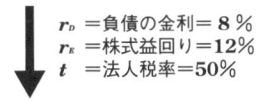

r_D ＝負債の金利＝ 8 ％
r_E ＝株式益回り＝12％
t ＝法人税率＝50％

	企業 U	企業 L	
営業利益	40	40	
負債への利払い	0	4	→ 債権者へ（50×8％）
税引前利益	40	36	
法人税	20	18	→ 政府へ $\begin{pmatrix}40\times50\%\\36\times50\%\end{pmatrix}$
税引後利益	20	18	→ 株主へ

FCF ＝営業利益×（1－法人税率）
　　　＝40×（1－0.5）＝20

$WACC = \dfrac{D}{D+E}(1-t)r_D + \dfrac{E}{D+E}r_E$

① 企業 U
　$WACC = r_E = 12\%$ であるので、
　企業 U の企業価値（永続価値）＝ $\dfrac{20}{0.12} \fallingdotseq 167$

② 企業 L
　$WACC = \dfrac{50}{100} \times (1-0.5) \times 0.08 + \dfrac{50}{100} \times 0.12 = 0.08$（8 ％）であるので、
　企業 L の企業価値（永続価値）＝ $\dfrac{20}{0.08} = 250$
　↓（負債の節税効果）

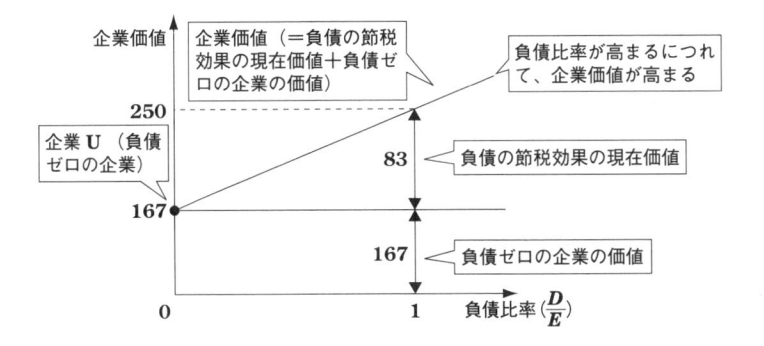

企業価値

企業価値（＝負債の節税効果の現在価値＋負債ゼロの企業の価値）

負債比率が高まるにつれて、企業価値が高まる

250

企業 U（負債ゼロの企業）

83 ← 負債の節税効果の現在価値

167

167 ← 負債ゼロの企業の価値

0　　　　1　　負債比率（$\dfrac{D}{E}$）

60 最適資本構成：法人税と倒産リスク

企業の負債比率 $\left(\frac{D}{E}\right)$ を高めれば高めるほど、一方で法人税を節税する効果を高めますが、他方で業績の変動に対する企業の抵抗力を弱めることによる倒産リスクを高めます。つまり、企業が負債を増やしていくと、フリーキャッシュフローの見込みが狂ったときのバッファーとなる自己資本が薄くなるため、倒産リスクが高まります。金融資本市場の完全性の前提を捨てて、法人税と倒産リスクが企業価値に対して与える影響まで含めて考えると、

　　企業価値 = 負債ゼロの企業の価値 + 節税効果の現在価値
　　　　　　　 − 倒産リスクの現在価値

です。

　右ページの図は、負債比率を高めたときの企業価値の大きさを表しています。ファイナンス理論では、「キャッシュフローが安全に維持できる範囲で、負債を最大化せよ」と言われていて、負債比率が低い間は、負債比率を高めることによる節税効果から企業価値は高まりますが、負債比率が一定水準を超えて大きくなると、倒産リスクの現在価値が急激に高まるので、企業価値は逆に低まります。理論的には、負債比率 $\left(\frac{D}{E}\right)$ が上昇したときに、節税効果の現在価値の増加分が、倒産リスクの高まりによる現在価値の減少分によってちょうど相殺されるところが最適資本構成であり、これは「資本構成に関するトレードオフ理論」と呼ばれています。

【知っておきましょう】　倒産リスクに伴うコスト

　倒産リスクが高まると、次の3種類の倒産コストが発生し、最終的にはすべて株主が負担することになります。

① 財務面では、リスク・プレミアムの上昇から企業の資金調達コストが上昇します。

② 事業運営面で、仕入先・販売先との取引条件の悪化、優秀な従業員の離職や勤労意欲の低下、新規採用の困難化などの間接的な費用が生じます。

③ 実際に倒産した場合には、弁護士、会計士などの第三者に支払う費用が発生します。

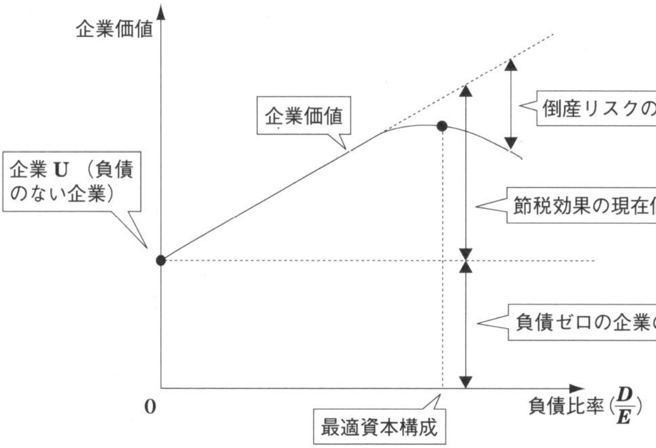
企業価値
企業価値
企業 U（負債のない企業）
倒産リスクの現在価値Ⓒ
節税効果の現在価値Ⓑ
負債ゼロの企業の価値Ⓐ
0
負債比率 ($\frac{D}{E}$)
最適資本構成

企業価値＝負債ゼロの企業の価値（Ⓐ）＋節税効果の現在価値（Ⓑ）
－倒産リスクの現在価値（Ⓒ）

61 ペッキング・オーダー理論

　企業の財務担当者の多くは、MM 理論の命題に対して、実務家の視点から非現実的であると考えています。企業の資金調達に関して、企業の財務担当者の実感に合致する理論として「ペッキング・オーダー理論」があります。pecking order は「強いにわとりが弱いにわとりを突っつく、というにわとりの間の序列」を意味していますが、ペッキング・オーダー理論は、金融資本市場の完全性を前提としないときに、企業がどのような順番で資金調達するかに関する理論であり、「ファイナンシャル・ヒエラルキー仮説」とも呼ばれています。

　ペッキング・オーダー理論は、外部資金調達は内部資金調達よりもコストがかかることや、企業経営者と投資家の間に「情報の非対称性」が存在することを前提として、企業は、次の順番で資金調達を行うものと考えています。
① 利益および投資機会のトレンドに対してゆっくりと調整していくような配当政策を採用する。
② 利益、配当、投資支出などの予測できない変動に対して、企業はまず手元流動性を用いて対応する。
③ 外部資金を調達する場合には、安全な証券から危険な証券への順序で発行する。つまり、社債、転換社債、株式の順序で発行する。

資金調達手段の比較

	メリット	デメリット
銀行借入	良い企業は存続する 希薄化コストが低い 再編が容易である	金融仲介費用が発生する
債券発行	希薄化コストが低い	債務不履行時には必ず清算される
株式発行	倒産コストが発生しない	希薄化コストが高い

注：希薄化コストとは、企業と投資家間の情報の非対称性に起因して、企業が資金調達を行う際に真の情報を投資家が知っていたとすれば必要である金額以上の金額をペイオフとして発行企業が投資家や金融機関に対して提供しなければならないことに伴うコストのことです。

【知っておきましょう】　情報の非対称性と増資

　企業経営者は企業の業績見込み、リスク、企業価値などに関して投資家よりも多くの情報をもっているという意味で、企業経営者と投資家の間に「情報の非対称性」が存在し、企業経営者は投資家よりも企業価値を正確に判断できるため、その時点の株価に関して、割高か割安かを投資家よりも正しく評価できます。企業経営者は、株価が割安（過小評価）とみなす場合には増資を行わず、割高（過大評価）とみなす場合にのみ増資を行うのが合理的と考えられます。ですから、経営者の資金調達に関する判断は、投資家から見ると、一定の情報価値をもっています。投資家は、企業が増資を行うことは、経営者が自社株の価格が割高であると考えていることのシグナルと受け止め、その結果、増資が行われると株価は下落します。

第2部 企業財務の理論
第12章 配当政策

「配当政策」は、企業が株主に対して支払う配当の金額を設定する政策です。企業の保有する現金はオーナーである株主のものであり、「増配」とは、それを企業の保管から株主の保管へ切り替えることを意味します。したがって、もともと株主のものであった現金の保管場所が変わっただけであり、株主の富に対しては価値中立的です。同様に、減配も株主の富に対しては価値中立的です。つまり、「減配」はもともと株主に支払おうと予定していた現金を企業の手元に置いておくということであり、株主の手元に入ってくる現金は減りますが、その分だけ企業価値が当初より高くなるので、株主の富は変わりません。

　減配と株価下落は同時に起こるケースが多いのですが、理論的には配当を減らすから株価が下落するわけではありません。配当を減らすのは、業績が悪化した結果であり、株価が下がるのは、業績悪化による企業価値の減少によるものです。

　「自社株買い」とは企業がキャッシュを払って、市場から自社の株式を買い戻すことです。企業側から見れば、手元のキャッシュを株主に還元するにあたって、配当として株主に支払うか、株主から自社株を買い戻すために使うか、の2つの方法が考えられます。ですから「自社株買い」も配当政策の一環です。

62 配当政策と企業価値

企業が株主からの要求に応えて、手元現金を源泉として増配を行ったときの、株主の利益への影響を例証しましょう。

(1) 増配前

　　企業価値 ＝ 負債＋株主資本

であり、負債をゼロと仮定すると、

　　企業価値 ＝ 株式の市場価値 ＝ 1,000万円

です。

　　株式の市場価値 ＝ 株式の理論価格×企業の発行済み株式数

であり、企業の発行済み株式数が100株であると仮定すると、

　　株式の理論価格 ＝ $\dfrac{1,000}{100}$ ＝ 10万円

です。

(2) 増配後

株主が1株当たり1万円の増配を要求し、企業が手元現金を源泉として増配に応じたとしましょう。このとき、

　　企業価値 ＝ 株式の市場価値 ＝ 900万円

であり、

　　株式の理論価格 ＝ $\dfrac{900}{100}$ ＝ 9万円

です。

以上の結果から、株主の1株当たりの手取り（＝ 株式の配当＋資本利得・損失）の変化は、

　　株主の1株当たりの手取りの変化 ＝ 配当増＋キャピタル・ロス
　　　　　　　　　　　　　　　　　＝ 1＋(−1) ＝ 0

です。増配を行うことで、株主の配当収入は増えますが、同時に保有する株式が同じだけ値下がりするので、手取りに変化はないことがわかります。

増配前の企業価値				増配後の企業価値	
現金	100	株主資本	1,000	その他資産 900	株主資本 900
その他資産	900		(100株)		(100株)
	1,000		1,000	900	900

1株当たり1万円の配当が実施されると、現金100が支払われます。

$$株価 = \frac{株主資本の価値}{企業の発行済み株式数}$$

株主の1株当たり手取り＝配当（1）＋資本利得・損失

① 1の増配前
$$株価 = \frac{1,000}{100} = 10$$

② 1の増配後
$$株価 = \frac{900}{100} = 9$$
株主の1株当たり手取り＝ 1 ＋（ 9 － 10 ）＝ 0

63 自社株取得と企業価値

　自社株買いによって、株式市場に流通する株式の数が減り、分母が小さくなって株価が上がる、というのが多くの人の受け止め方です。しかし、自社株買いは、以下の例証のように、株主の富に対しては価値中立的です。

(1) 自社株買いの前

　自社株買いを行う前、つまり買い付け前の理論株価は、株式の理論価格 $= \frac{1,000}{100} = 10$ 万円です。

(2) 自社株買いの後

　企業が手元現金100万円を源泉として自社株買いを行ったとしましょう。株式の「市場価格＝理論価格」を仮定すると、株価は10万円であるので、10株だけ購入することができます。株式市場で流通する株式数は買い戻した10株だけ減少して、100株から90株になります。ですから、自社株買い後の理論株価は、株式の理論価格 $= \frac{900}{90} = 10$ 万円です。

　株価は、自社株買いをした後と前では同じであるので、自社株買いは株価に対しては中立的であることがわかります。しかし、次のような理由により、自社株買いが株価上昇につながることがあります。

① 借入によるレバレッジ効果

　借入をして自社株買いを行うと、借入を増やすことによる資本コストの低下で、企業価値が高まり、株価は上昇します。配当政策が株価を上げるのではなく、資本構成を変えて資本コストを下げるという財務政策が株価（理論株価）を上げるのです。

② シグナル効果

　企業が自社株買いを行い、それに対して好材料があることを示唆するシグナルであると投資家が反応すれば、株価は上昇します。これは「シグナル効果」と呼ばれ、自社株買い自身が株価を上げるわけではなく、「砂上の楼閣理論」的な思惑が株価を上昇させるのです。

$$\binom{増配前}{自社株取得前}の企業価値$$

現金	100	株主資本	1,000
その他資産	900	（100株）	
	1,000		1,000

↓ ケースA：1の増配
　 ケースB：10株の自社株取得

ケースAの企業価値

その他資産	900	株主資本	900
		（100株）	
	900		900

ケースBの企業価値

その他資産	900	株主資本	900
		（90株）	← 自社株取得（10株）後の発行済み株式数
	900		900

$$株価 = \frac{株主資本の価値}{企業の発行済み株式数}$$

株主の1株当たり手取り＝配当＋資本利得・損失

		株価	配当	現金	合計
ケースA（増配）		9（−1）	1（＋1）		10
ケースB（自社株取得）	元株主	9		10	10
	現株主	10			10

$\dfrac{900}{100}=9$

$\dfrac{900}{90}=10$

第3部　デリバティブの理論
第13章　デリバティブの基本

「デリバティブ（derivative）」の語源は、ラテン語のリブス（水の流れ）やデーリーバテウス（水の流れの方向を変える）です。預金、債券、通貨、株式などの「原資産」あるいは「原証券」から副次的ないし派生的に生まれた金融商品は「デリバティブ」（訳語は金融派生商品）と呼ばれています。

64 デリバティブ（金融派生商品）の種類

「金融派生商品」は取引者の要望に応じたカスタム・メイド商品でもあるので、たくさんの種類がありますが、基本的には、原資産と取引種類（先渡し、先物、スワップ、オプションなど）の組み合わせによって、右ページのように分類されます。金融派生商品は、原資産（預金、債券、通貨、株式など）にはない優れた利用価値（例えば、将来の借入金利を確定、変動金利借入に上限金利を設定など）をもっています。デリバティブは、原資産と何らかの関連を持っていますが、商品内容や価格形成はまったく異なっています。

【知っておきましょう】　オフバランス性と想定元本
　バランスシートにのらない取引は「オフバランス」と呼ばれています。デリバティブ取引は、元本に相当する資金の移動が起こらないため、バランスシート（貸借対照表）に計上されず、リスク管理を難しくしています。デリバティブ取引の元本は「想定元本」と呼ばれ、決済の行われない単なる計算の基礎としての意味しかもちません。

【知っておきましょう】　ファイナンシャル・オプションとリアル・オプション
　金融資産を原資産とするオプションは「ファイナンシャル・オプション」、実物資産を原資産とするオプションは「リアル・オプション」とそれぞれ呼ばれています。日常生活の中では、例えば、第1志望の大学の入試結果が判明する前の段階で第2志望の大学の入学金を払い込んで、とりあえずその大学に入学する権利を確保しておくのは、一種のコール・オプションとみなすことができます。このように、片方の当事者が、相手にプレミアムを支払うことにより判断の柔軟性を確保するような取引には、オプションに似た構造が隠されています。同様に、企業活動の中では、NPV（正味現在価値）がマイナスのプロジェクトが戦略的な理由などにより承認されることがしばしばありますが、これは経営者が、NPV法が看過している将来の意思決定の柔軟性に由来する「リアル・オプションの価値」を加味して、プロジェクト投資の可否を判断しているからです。一般的には、

　　プロジェクトの価値＝プロジェクトのNPV＋リアル・オプションの価値

です。

原商品	先物	オプション	スワップ	先渡し契約	複合
金利 (預金)	金利先物		金利スワップ	**FRA**（金利 先渡し契約）	スワップション 金利先物オプション キャップ、フロア、カラー
(債券)	債券先物	債券現物オプション			債券先物オプション
為替	通貨先物	通貨オプション	通貨スワップ		通貨先物オプション 通貨スワップション
株式	株価指数先物	株価指数オプション 個別株オプション			
複合			エクイティ・スワップ クレジット・スワップ など		

65 デリバティブ取引の目的とレバレッジ効果

デリバティブ取引の目的には、次の3つがあります。

(1) リスク回避（リスク・ヘッジ）

資産・負債の状況は「ポジション」と呼ばれ、現在および将来のポジションが金利・為替レートなどの変動によって被る損失を防ぐことは「リスク・ヘッジ」と呼ばれています。伝統的金融商品（原資産）ではヘッジできなかったリスクがデリバティブの活用によりヘッジ可能になることがあります。また、伝統的金融商品が行っているリスク・ヘッジをデリバティブの活用により有効かつ低コストで行うことができます。「売りヘッジ」はショート・ヘッジ、「買いヘッジ」はロング・ヘッジとそれぞれ呼ばれています。売りヘッジは、売却のデリバティブ契約を原資産保有に見合った額だけ締結することにより、将来の原資産価格が下落するリスクをヘッジすることです。これに対し、買いヘッジは、将来、原資産の購入を予定している場合、あらかじめ購入のデリバティブ契約を締結することにより、将来の原資産価格が上昇するリスクをヘッジすることです。

(2) さや抜き（裁定：アービトラージ）

伝統的金融商品と金融派生商品の市場間、および各金融派生商品の市場間には、時間差・空間（市場）差で相場の「ゆがみ」や「乖離」が生じることがあります。相場のわずかのズレを利用して「さや抜き」をねらうことは「裁定取引」と呼ばれています。さや抜き（裁定）は、リターンは小さいが、リスクはあまり大きくありません。

① 買い裁定

「先物価格＞先物の理論価格」のとき、割高な先物を売って、割安な現物（決済日の現物価格と先物価格は等しくなっているので）を買えば、決済日の現物価格いかんにかかわらず、裁定取引の利益を得ることができます。

② 売り裁定

「先物価格＜先物の理論価格」のとき、割安な先物を買って、割高な現物

デリバティブ取引の目的
① リスク・ヘッジ
② 投機（スペキュレーション）
③ 裁定（アービトラージ）

デリバティブによる投機：レバレッジ効果

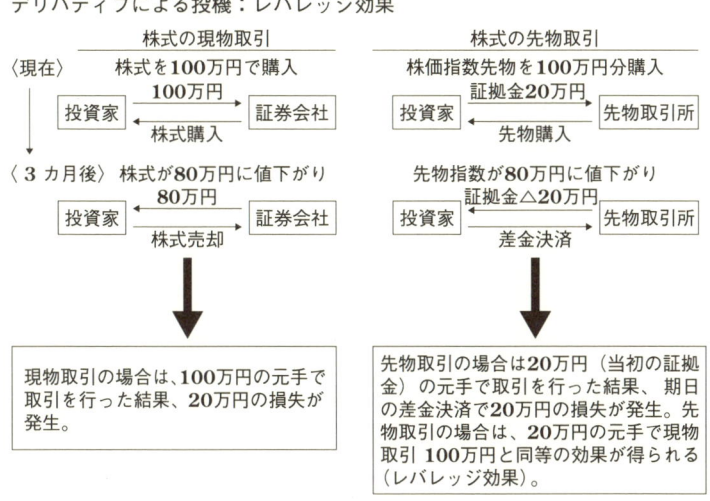

株式の現物取引

〈現在〉 株式を100万円で購入
投資家 ―100万円→ 証券会社
　　　 ←株式購入―

〈3カ月後〉 株式が80万円に値下がり
投資家 ←80万円― 証券会社
　　　 ―株式売却→

現物取引の場合は、100万円の元手で取引を行った結果、20万円の損失が発生。

株式の先物取引

株価指数先物を100万円分購入
投資家 ―証拠金20万円→ 先物取引所
　　　 ←先物購入―

先物指数が80万円に値下がり
投資家 ―証拠金△20万円→ 先物取引所
　　　 ―差金決済―

先物取引の場合は20万円（当初の証拠金）の元手で取引を行った結果、期日の差金決済で20万円の損失が発生。先物取引の場合は、20万円の元手で現物取引100万円と同等の効果が得られる（レバレッジ効果）。

（決済日の現物価格と先物価格は等しくなっているので）を売れば、決済日の現物価格いかんにかかわらず、裁定取引の利益を得ることができます。

(3) 投機（スペキュレーション）

　相場変動により影響を受けるポジションをあえて作り出すこと（リスク・テーキング）は「投機」と呼ばれています。デリバティブ取引には、先物取引であれば証拠金、金利スワップ取引であれば金利、オプション取引であればオプション料といった、元本と比較すればごくわずかの元手で、元本と同規模の取引を行うことができるという「レバレッジ効果（梃子の効果）」があり、デリバティブの活用による投機はハイリスク・ハイリターンです。

第3部 デリバティブの理論
第14章 先物取引

先物・先渡し取引は、あらかじめ定められた将来時点において、あらかじめ定められた価格で、金融商品を受け渡す売買取引のことです。

> 【知っておきましょう】　広義の先物取引
> 　先物取引と先渡し取引は合わせて「広義の先物取引」と呼ばれることがあります。

66 先物取引と先渡し取引

「先渡し（フォワード）取引」とは、

① 「将来時点で買います」と言っていれば、受渡決済日になると、現物をすべて引き取り、購入代金を払わなければならない取引です。受渡決済日になると、現物の購入代金すべてを用意する必要があります。

② 1人の売手と1人の買手の間の相対（あいたい）取引であり、一般には、店頭取引です。取引内容（受渡決済日など）は2人の間の相談で自由に決定することができ、標準化されていません。

③ 通常は証拠金の積立は行われず、買手は取引相手の信用リスクを負担することになります。

④ 「外国為替の先物予約」と言われていますが、それはドルの先渡し取引です（Forward Exchange は一般には為替先物と訳されています）。ですから、先渡し取引と先物取引を区別せずに、一括して先物取引と呼ぶことがあります。

先物は先渡しと類似した取引であり、「先物（フューチャー）取引」とは、

① 受渡決済日までに、反対売買（買いに対しては転売、売りに対しては買い戻し）をいつでもできる取引です。決済は購入代金と売却代金の差額の授受による差金決済が原則です。また、現引き・現渡しによる「受け渡し決済」も可能です。

② 多数の売手と多数の買手の間の市場取引です。市場（取引所）で大量かつ集中的に売買されるように、取引内容（受渡決済日など）は標準化されています。

③ 先物取引には、取引が円滑に行われるように、清算機関が介在しています。清算機関は、決済時点での債務不履行リスク削減のため、売手・買手に証拠金の事前積立を要求し、日々、建玉（たてぎょく：未決済取引残高）の評価損益を計算し（それは「値洗い」と呼ばれています）、評価損が一定額を上回ったとき、証拠金の積み増し（追い証）を徴求します。

	先物取引（futures）	先渡し取引（forward）
取引の形態	売手と買手の間に取引所が介在する集団売買	売手と買手の合意による相対取引
取引の対象商品	取引所が、対象商品の品質、規格などを標準化	売手と買手が合意すればどんな商品でも対象となる
取引の決済方法	証券会社等に差し入れた証拠金を通じた差金決済 通常は期日前に反対売買を行って契約を終了させる	決済日に実際に現物を受け渡し
取引履行の保証	あらかじめ証拠金を差し入れているためほとんどリスクはない	相対取引の相手方の信用力

【知っておきましょう】　差金決済
　「差金決済」とは、現物の受け渡しを行わず、先物売りの場合は先物の買い戻し、先物買いの場合は先物の売り戻しという反対売買の実行によって取引を清算し、その差額分だけを決済するという方法です。先物取引の場合、取引当事者の一方が利益を得て、他方が同額だけ損失を受けることになります。

【知っておきましょう】　日経平均先物価格と日経平均株価
　日経平均株価とは日経平均「現物」価格のことなので、日経平均先物価格とは異なります。日経平均先物価格＞日経平均株価（日経平均現物価格）の状態は、「プレミアム状態（順ザヤ）」と呼ばれています。逆に、日経平均先物価格＜日経平均株価（日経平均現物価格）の状態は、「ディスカウント状態（逆ザヤ）」と呼ばれています。そして、日経平均先物価格と日経平均現物株価との差は「ベーシス」と呼ばれています。ベーシスは受渡決済日が近づくにつれて、ゼロに収束します。ベーシスの変動に伴うリスクは「ベーシス・リスク」と呼ばれ、ヘッジ・裁定のために先物・先渡しを利用する場合、投資家は新たにベーシス・リスクを負担することになります。現物価格の変動リスクよりもベーシスの変動リスクの方が相対的に小さいということが知られていますが、先物・先渡し契約の締結により原資産価格の変動リスクをヘッジしようとしたとしても、ベーシス・リスクはリスクとして残ります。

67 先物取引の損益

　先物取引を始める際には、取引所の会員になっている証券会社などに、証拠金を差し入れる必要があります。例えば、右ページで例証として取り上げている長期国債先物の証拠金は取引1枚（1億円）当たり200万円と定められています。先物取引は、一方で「得をする勝ち組」がいて、他方で「損をする負け組」がいるゼロサム・ゲームですが、証拠金は「損をした負け組」から「得をした勝ち組」への支払いを保証するためのものです。

　右ページでは、長期国債先物の取引単位（1枚）は先物価格の100万倍としています。投資家は、1日目に、長期国債先物1枚を99.50円で購入し、証拠金として200万円を差し入れています。つまり、投資家は現物取引では200万円で200万円の長期国債しか購入できませんが、先物取引では200万円で、9,950万円の価値の長期国債を購入することができています。現物価格同様に、先物価格は時々刻々と変動します。先物取引では、日々、建玉（たてぎょく）の評価損益が計算され（それは「値洗い」と呼ばれています）、評価損が一定額を上回ったとき、証拠金の積み増し（追い証）が徴求されます。

　投資家は通常、受渡日よりも前に反対売買を行うことにより先物取引を決済します。例えば、3カ月物の長期国債先物1枚を購入している投資家は、同じ3カ月物の長期国債先物1枚を売却することで取引を決済することができます。右ページの投資家は10日目に反対売買を行って、10日目の先物価格99.85円と、1日目の先物価格99.50円との差額（0.35円×100万＝35万円）の差金決済を行っています。この投資家はわずか10日で、200万円の元手で、35万円の利益を得たことになります。もちろん、ゼロサム・ゲームであるので、逆に、わずか10日で、200万円の元手で、35万円の損失を被った投資家がいるはずです。

単位：万円

	先物価格(円)	当日の損益	累積損益	証拠金入金	証拠金残高
1日	99.50			200	200
2日	99.65	＋15	＋15		215
3日	99.70	＋ 5	＋20		220
4日	96.60	△10	＋10		210
5日	99.85	＋25	＋35		235
6日	99.60	△25	＋10		210
7日	99.40	△20	△10	50	240
8日	99.65	＋25	＋15		265
9日	99.70	＋ 5	＋20		270
10日	99.85	＋15	＋35	△285	0

値洗いと証拠金の増減

値洗いと証拠金の増減

（1日目）長期国債先物（1契約：1億円）を99.50円で購入し、証拠金200万円を差し入れる。
（2日目）先物価格が99.65円に上昇したため、15万円の利益を得る。証拠金残高は215万円に増加する。

$$1億円 \times \frac{99.65-99.50}{100} = 150,000$$

（7日目）先物価格が99.40円に下落し、証拠金残高が当初差し入れた200万円を割り込んだため、追加の証拠金を50万円差し入れる。
（10日目）先物価格が99.85円に上昇したところで反対取引を行い、先物取引を手仕舞う。証拠金の285万円を出金（合計250万円を差し入れていたため、差し引き35万円の利益が発生）する。

68 先物価格と現物価格の関係：先物の理論価格

　先物価格は、市場参加者の先行きの価格予想によって決まるわけではなく、現物価格に金利などの調整を加えた水準に決まります。市場では、ときとして何らかの理由で、先物価格が理論値よりも高くなったり低くなったりすることがありますが、以下では、株価指数先物の理論価格を取り上げます。

　$F_t^* = t$ 時点（現在時点）の株価指数先物の理論価格

　$S_t = t$ 時点（現在時点）の株価指数現物の価格

　$r = $ リスクフリー・レート（年率）

　$d = $ 配当利回り（年率）

　$T = $ 満期日

とすると、t 時点（現在時点）の株価指数先物の理論価格（F_t^*）は、

$$F_t^* = S_t + (r-d) \times S_t \times \frac{(T-t)}{365}$$

です。この式が成立するのは、右ページに見られるように、作成したポートフォリオ（資金借入＋株価指数現物買い＋株価指数先物売り）の現在時点のコストはゼロであり、かつ、将来にわたって何らリスクを伴わないので、市場における裁定関係から、満期日におけるキャッシュフローの合計はゼロでなければならないからです。

$$(r-d) \times S_t \times \frac{(T-t)}{365}$$

は「持越費用」と呼ばれ、

$$「持越費用」= r \times S_t \times \frac{(T-t)}{365} - d \times S_t \times \frac{(T-t)}{365}$$
$$= 資金借入コスト － 配当収入$$

であるので、

　　現在時点の株価指数先物の理論価格 ＝ 現在時点の株価指数現物の価格
　　　　　　　　　　　　　　　　　　＋持越費用
　　＝ 現在時点の株価指数現物の価格＋（資金借入コスト－配当収入）

です。

	現時点のコスト	将来のキャッシュフロー
① 資金借入（金利 r）	$-S_t$	$-(1+r\times\frac{T-t}{365})S_t$
② 現物指数買い	S_t	S_T
③ 先物売契約	0	$F_t - S_T$
④ 配 当	0	$(d\times\frac{T-t}{365})S_t$
合 計	0	$F_t-(1+r\times\frac{T-t}{365})S_t+(d\times\frac{T-t}{365})S_t$

【知っておきましょう】 現物価格（S_t）と先物価格（F_t）：順ザヤと逆ザヤ

「先物価格（F_t）－現物価格（S_t）」は「ベーシス」と呼ばれ、ベーシスは満期日が近づくにつれてゼロに収束し、満期日にゼロになります。また、「$F_t > S_t$」の状態はプレミアム状態（順ザヤ、上ザヤ）、「$F_t < S_t$」の状態はディスカウント状態（逆ザヤ、下ザヤ）とそれぞれ呼ばれています。

69 先物為替レート

　外貨建て資産運用を行うときに、為替リスク（為替レート変動のリスク）をヘッジするために為替の先物を用いれば「カバー付き」、為替リスクにさらされたままであれば「カバーなし（アンカバー）」とそれぞれ呼ばれています。国際間の資本移動は完全に自由で、自国証券と外国証券は為替リスク以外のリスクに関して差がないと仮定します。そして、投資家はリスク中立者であり、証券の選択基準は、運用の元利合計の期待値（リターン）だけであると仮定します。次に、記号を、$e=$ 今期の直物為替レート、$f=$ 今期の先物為替レート、$r=1$ 年満期の自国証券の円建て金利、$r_w=1$ 年満期の外国証券のドル建て金利、と定義します。1単位の円を内外の証券に投資します。外国証券へ投資するときに、満期の元利合計を前もって先物市場で売っておけば、満期時には円ベースで確定した元利合計を得ることができます。自国証券、外国証券への投資の満期時の元利合計は、それぞれ次のようになります。

① 自国証券への運用

　1単位の円－（運用）→ $1\times(1+r)$円

② 外国証券への運用

　1単位の円－（円からドルへの直物市場での変換）→ 1円×（ドル/円）＝ $1\times\frac{1}{e}$ ドル－（運用）→ $1\times\frac{1}{e}(1+r_w)$ ドル－（ドルから円への先物市場での変換）→ $1\times\frac{1}{e}(1+r_w)$ ドル×（円/ドル）＝ $1\times\frac{1}{e}(1+r_w)\times f$ 円

　自国証券、外国証券への投資の元本はいずれも円1単位であるので、満期時の元利合計を比較して高い方に運用されます。均衡では、

$$1+r=\frac{1}{e}(1+r_w)\times f \quad \text{（自国証券元利 ＝ 外国証券元利）}$$

が成立します。両辺を$(1+r_w)$で割ると、

$$\frac{1+r}{1+r_w}=\frac{f}{e}$$

であり、そして $\frac{1+r}{1+r_w}\fallingdotseq 1+r-r_w$ であるので、$1+r-r_w=\frac{f}{e}$ つまり、

$$r-r_w=\frac{f-e}{e} \quad \text{（カバー付きの金利平価式）}$$

を得ることができます。

第14章 先物取引 177

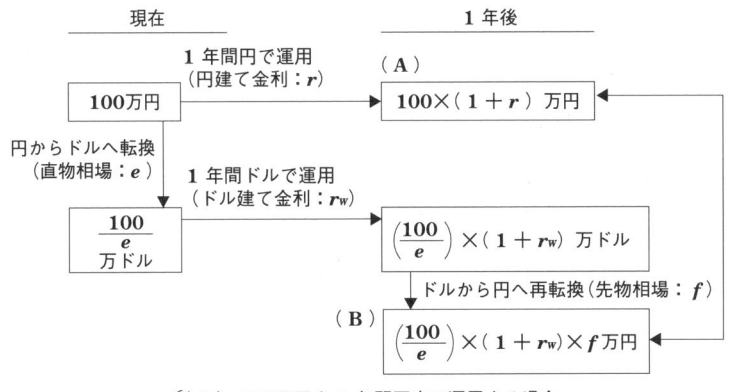

```
        現在                    1年後
   ┌─────────┐  1年間円で運用    (A)
   │ 100万円  │ (円建て金利：r)  ┌──────────────┐
   └─────────┘ ───────────────→│ 100×(1＋r) 万円│←──┐
        │                       └──────────────┘    │
   円からドルへ転換                                   │
   (直物相場：e)  1年間ドルで運用                     │
        │      (ドル建て金利：rw)                    │
        ▼                                            │
   ┌─────────┐                ┌─────────────────┐   │
   │ 100/e   │ ─────────────→ │(100/e)×(1＋rw)万ドル│  │
   │ 万ドル  │                └─────────────────┘   │
   └─────────┘                     │                 │
                          ドルから円へ再転換(先物相場：f)│
                           (B)     ▼                 │
                          ┌──────────────────────┐   │
                          │(100/e)×(1＋rw)×f 万円 │←─┘
                          └──────────────────────┘
```

$\begin{cases}(\mathrm{A}) \ 100万円を1年間国内で運用する場合 \\ \qquad 1年後は 100\times(1+r) 万円 \\ (\mathrm{B}) \ 100万円を1年間米国で運用する場合 \\ \qquad 1年後は \left(\dfrac{100}{e}\right)\times(1+r_w)\times f 万円\end{cases}$

●先物相場 (f) は、(A) と (B) が等しくなるような水準に決まる。もし (A) と (B) が異なる場合には、等しくなるまで裁定取引が行われる。

(A) = (B) から
$$100\times(1+r) = \left(\frac{100}{e}\right)\times(1+r_w)\times f$$

r ＝国内の円建て金利
r_w ＝米国のドル建て金利
e ＝直物為替相場
f ＝先物為替相場

↓

$$f = \frac{1+r}{1+r_w} e$$

$f < e$：先物ドルディスカウント
$f > e$：先物ドルプレミアム

↓

$$r = r_w + \frac{f-e}{e}$$
(直先スプレッド)

すなわち、外国為替先物相場 (f) は「2カ国間の金利差 ($r - r_w$) が直先スプレッド $\left(\dfrac{f-e}{e}\right)$ と等しくなる」ような水準に決まる。

第3部 デリバティブの理論
第15章 スワップ取引

「スワップ」とは「交換する」という意味で、金融取引の場合、将来のある時点において、属性（長期固定金利と短期変動金利、あるいは円建てとドル建てなど）の異なる債権・債務（元本）あるいは利息の受け取り・支払いといったキャッシュフローを、あらかじめ定めた方法に基づき、契約当事者間で交換する取引のことです。スワップ取引は相対取引であるので、期間などの条件を自由に設定でき、取引を実行するに当たって証拠金を用意する必要はありませんが、取引相手が債務不履行に陥る「カウンターパーティ・リスク」を考えなくてはいけません。

　「スワップ取引」は、いずれの取引当事者も相方に対し、約定された原資産を引き渡す義務を有するという双務契約であり、また、取引所取引のような定型化にはなじまないため、店頭市場でのみ取引されるという点で他の金融派生商品取引とは異なっています。

　「金利スワップ」「通貨スワップ」といった2つの典型的なスワップ取引は金融機関を中心に常時多数の取引が成立しており、「スワップディーラー」と呼ばれる仲介者に取引を依頼すれば容易に相手方を見つけることができます。

70 金利スワップ

「金利スワップ」は、異なる金利によるキャッシュフロー（利息の受け取り・支払い）の交換取引です。通常は、同一通貨建ての長期固定金利キャッシュフローと短期変動金利キャッシュフローとが交換されますが、円－ドルの金利スワップなど異種通貨間の金利スワップも取引されています。キャッシュフローの交換は通常、利息の差額の受け渡しによって行われます（というのは、同じ通貨で同じ金額の元本を交換しても意味がないからです）。

右ページの例証では、A銀行は「長期固定金利借り、短期変動金利貸し」、B銀行は「短期変動金利借り、長期固定金利貸し」で、A銀行、B銀行はともに、資金調達・資金運用の期間ミスマッチを抱えていて、金利変動リスクにさらされています。つまり、A銀行は金利低下により、B銀行は金利上昇によりそれぞれ損失が発生するリスクを負っています。このとき、A銀行とB銀行の間で、資金調達にかかるキャッシュフローを交換する「金利スワップ」、つまり「B銀行がA銀行の代わりに固定金利を返済」「A銀行がB銀行の代わりに変動金利を返済」を行えば、両銀行はともに金利変動リスクを削減することができます。

金利スワップの標準的な取引例では、変動金利の基準にLIBOR（ライボ：London Interbank Offered Rate）を用います。右ページの取引例では、一方でA銀行は、長期固定金利の支払いと短期変動金利の受け取り、B銀行は、短期変動金利の支払いと長期固定金利の受け取りを行っているので、A銀行とB銀行の間で、「Aの長期固定金利の支払い」と「Bの短期変動金利の支払い」の交換（金利スワップ）を行えば、A銀行は、短期変動金利の支払いと短期変動金利の受け取り、B銀行は、長期固定金利の支払いと長期固定金利の受け取りを行うことができるようになります。つまり長期固定金利と短期変動金利のミスマッチを解消することができます。

第15章 スワップ取引

A銀行		B銀行	
短期貸し（3カ月ごとの変動金利）	長期借り（5年間の固定金利）	長期貸し（5年間の固定金利）	短期借り（3カ月ごとの変動金利）

↓ A銀行、B銀行ともに、資金運用・調達期間のミスマッチをかかえており、金利変動リスクにさらされている。

A銀行の金利変動リスク	B銀行の金利変動リスク
市場金利が低下すると、調達金利が変わらないが、運用金利が低下するので、損失が生じる。	市場金利が上昇すると、運用金利が変わらないが、調達金利が上昇するので、損失が生じる。

↓ A銀行とB銀行の間で金利スワップを行えば、両行とも金利変動リスクを削減できる。

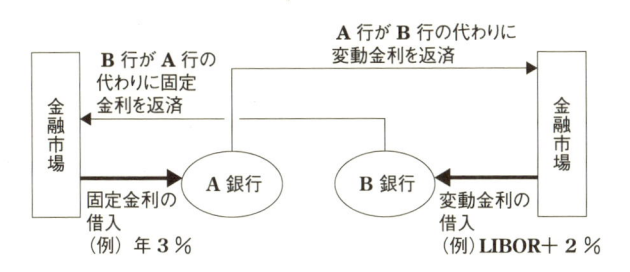

```
                A行がB行の代わりに
    B行がA行の     変動金利を返済
    代わりに固定
    金利を返済
┌──────┐  ←──  ╭────╮  ────→  ╭────╮  ←──  ┌──────┐
│金融市場│        │A銀行│         │B銀行│        │金融市場│
└──────┘         ╰────╯          ╰────╯         └──────┘
         固定金利の                        変動金利の
         借入                              借入
         （例）年3％                      （例）LIBOR＋2％
```

71 通貨スワップ

「通貨スワップ」とは、例えば円建て債務とドル建て債務といった異種通貨建て債権・債務あるいはキャッシュフローの交換取引です。取引開始時点で元本の交換が行われ、満期日にその逆の取引が実行されるほか、契約が終了するまでの間、金利キャッシュフローの交換が行われる取引です。元本・利息キャッシュフローの交換に際しては通常、契約時点で定められた為替相場が交換比率として契約期間中適用されます。通貨スワップは、中長期の為替リスクを回避するのに有効な手段です。

右ページの例証では、X社は海外での知名度を活かしてドル建て債務を発行していますが、売上高の大半は国内向けです。逆に、Y社は国内での知名度を活かして円建て債務を発行していますが、売上高の大半は海外向けです。X社、Y社はともに為替変動リスクにさらされています。つまり、X社はドル高・円安になるとドル建ての元本・利息の支払いキャッシュフローが増大する、Y社はドル安・円高になるとドル建ての収入キャッシュフローが減少する、という為替変動リスクを負っています。このとき、X社とY社の間で、資金調達にかかるキャッシュフローを交換する「通貨スワップ」、つまり「Y社がX社の代わりにドル建て債務の返済」「X社がY社の代わりに円建て債務の返済」を行えば、両社はともに為替変動リスクを削減することができます。

【知っておきましょう】　クーポン・スワップ

　金利スワップ取引の場合は、同額の元本を交換しても意味がないことから、通常は金利キャッシュフローだけが交換されます。これに対して、通貨スワップ取引の場合には、通常は元本キャッシュフローと金利キャッシュフローの両方が交換されます。元本キャッシュフローは交換せずに、金利キャッシュフローだけが交換される通貨スワップは「クーポン・スワップ」と呼ばれています。

X社		Y社	
収入は円建て	借入はドル建て	収入はドル建て	借入は円建て

↓ X社、Y社ともに、為替のミスマッチをかかえており、為替相場変動リスクにさらされている。

X社の為替変動リスク	Y社の為替変動リスク
為替相場がドル高・円安になると、ドル建ての利払い額が増加して、損失が生じる。	為替相場がドル安・円高になると、ドル建ての受取額が減少して、損失が生じる。

↓ X社とY社の間で通貨スワップを行えば、両社とも為替変動リスクを削減できる。

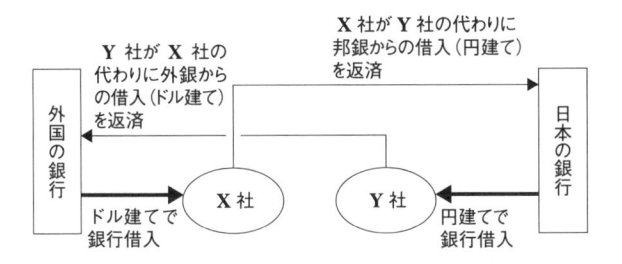

Y社がX社の代わりに外銀からの借入（ドル建て）を返済

X社がY社の代わりに邦銀からの借入（円建て）を返済

外国の銀行 ← ドル建てで銀行借入 ― X社 Y社 ― 円建てで銀行借入 → 日本の銀行

72 スワップの価値

　スワップ取引は第1にリスク削減に役立ちます。A銀行とB銀行は「Aの長期固定金利の支払い」と「Bの短期変動金利の支払い」の交換を行うこと（金利スワップ）により金利変動リスクを削減することができます。X社とY社は「Y社がX社の代わりにドル建て債務の返済」と「X社がY社の代わりに円建て債務の返済」の交換を行うこと（通貨スワップ）により為替変動リスクを削減することができます。第2に市場の歪みの是正に役立ちます。本来各国市場における債務者の評価が整合的であれば、ある債務者がどこの市場でどのように資金調達しても同じ条件になるはずですが、現実の市場には一種の歪みが存在しています。したがって、各債務者がそれぞれ優位にある市場で資金調達を行い、その債務を交換することによって、より有利な資金調達を実現することが可能になります。スワップ取引を通じて市場の歪みが是正され、複数の市場を通じた一物一価が実現されます。第3にオフバランス取引であることから資本効率性を高める（*ROA*や自己資本比率を改善する）のに役立ちます。

　右ページの例証では、A社は変動金利（LIBOR）による資金調達、B社は固定金利（3.666％）による資金調達にそれぞれ優位を有しているが、A社は固定金利による資金調達、B社は変動金利による資金調達をそれぞれ希望しています。A社、B社はそれぞれ優位にある方法で資金調達を行ったのちに、お互いの債務（想定元本1億円）をスワップしています。金利スワップを利用することにより、もともと両社が希望する方法で資金調達を行うよりも、お互いに有利な条件で資金を調達することができます。スワップ取引は、取引契約時点では、A, B両社にとって等価（1,024）のキャッシュフローの交換ですが、1年経過した段階で、金利の予想外の上昇（LIBORの4％から6％への上昇）があると、B社が受け取る変動金利のキャッシュフローの現在価値（1,100）は、A社が受け取る固定金利のキャッシュフローの現在価値（695）を405上回ることになります。この金利スワップ取引はB社にとって405万円の価値があるとみなすことができます。

第15章 スワップ取引

スワップ取引契約時点

変動金利 (LIBOR)	3 %	4 %	4 %
固定金利	3.666%	3.666%	3.666%

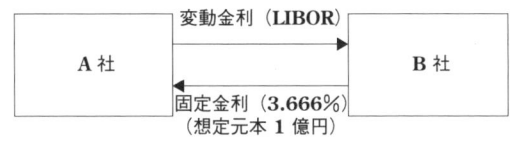

```
              変動金利（LIBOR）
    ┌─────┐ ──────────────→ ┌─────┐
    │ A 社 │                  │ B 社 │
    └─────┘ ←────────────── └─────┘
            固定金利（3.666%）
           （想定元本 1 億円）
```

単位：万円

	固定金利のキャッシュフロー			変動金利のキャッシュフロー		
	利息	割引ファクター	現在価値	利息	割引ファクター	現在価値
1 年目	366.6	$\dfrac{1}{1+0.0366}$	353.7	300	$\dfrac{1}{1+0.03}$	291.3
2 年目	366.6	$\dfrac{1}{(1+0.0366)^2}$	340.9	400	$\dfrac{1}{(1+0.03)(1+0.04)}$	373.4
3 年目	366.6	$\dfrac{1}{(1+0.0366)^3}$	329.1	400	$\dfrac{1}{(1+0.03)(1+0.04)^2}$	359.1
合計			1,024			1,024

↓ スワップ契約締結後 1 年間経過した時点で、2 年目、3 年目の変動金利（LIBOR）が当初の予想を上回る上昇（2 年目 4 % → 6 %、3 年目 4 % → 6 %）を示したときの、1 年後におけるスワップ契約の価値を計算する。

1 年経過時点

変動金利 (LIBOR)	3 %	6 %	6 %
固定金利	3.666%	3.666%	3.666%

単位：万円

	固定金利のキャッシュフロー			変動金利のキャッシュフロー		
	利息	割引ファクター	現在価値	利息	割引ファクター	現在価値
2 年目	366.6	$\dfrac{1}{1+0.0366}$	353.7	600	$\dfrac{1}{1+0.06}$	566.0
3 年目	366.6	$\dfrac{1}{(1+0.0366)^2}$	340.9	600	$\dfrac{1}{(1+0.06)^2}$	534.0
合計			695			1,100

↓ 1,100 − 695 = 405

　1 年経過した段階で市場金利が予想外の上昇を示したため、変動金利のキャッシュフローの現在価値は、固定金利のキャッシュフローの現在価値を405万円上回っている。この金利スワップは変動金利を受け取る B 社にとって405万円の価値があると考えられる。

第3部　デリバティブの理論
第16章　オプション取引

「オプション」とは、指定した証券や商品、例えばA銘柄の株式を、ある決められた期間内ないし日に、あらかじめ決められた価格で売ったり買ったりする権利のことです。指定した証券や商品は「原資産」、オプションを行使できる、ある決められた期間は「権利行使期間」、権利行使期間の最終日は「満期日」、オプションを行使するときの、あらかじめ決められた価格は「権利行使価格」と、それぞれ呼ばれています。買う権利であろうが売る権利であろうが、権利には経済価値があるので、権利の買手は権利の売手に対価（オプション・プレミアム）を支払わなければなりません。

73 オプション取引

「オプション取引」は、今「将来時点または一定期間内に買います」「将来時点または一定期間内に売ります」と言っても、実際にその時点・期限になったときに、オプションの買手が買う買わない、売る売らないを選択できる取引です。

買う権利は「コール・オプション」

売る権利は「プット・オプション」

とそれぞれ呼ばれています。「買う権利」・「売る権利」の買手は、オプション料を支払って、「買う」・「売る」の権利をそれぞれもつことができます。一方、「買う権利」・「売る権利」の売手は、オプション料を受け取って、「買う」・「売る」の義務をそれぞれ負います。売手は不利のように見えますが、実際は買手が権利を行使できる機会の方が少ないと言われています。

満期日のみに権利を行使できるタイプのオプションは「ヨーロピアン」、満期日および満期日以前ならいつでも権利を行使できるタイプのオプションは「アメリカン」とそれぞれ呼ばれています。

株式オプション取引とは、一定期間内に、株価がどう動くかを予想して、あらかじめ決められた価格（権利行使価格）で株式を買ったり、売ったりする権利を売買することです。つまり、

① 株価に対して強気（値上がり予想）であれば、コールは買いで、プットは売りです。

② 株価に対して弱気（値下がり予想）であれば、コールは売りで、プットは買いです。

オプション料あるいはオプション・プレミアムはオプション取引の相場であり、株式オプション取引は、上記の4つの基本投資パターン（コールの買い、コールの売り、プットの買い、プットの売り）をもとに、オプション料（オプション価格あるいはプレミアム）を見ながら、基本パターンの組み合わせを行うものです。

オプションの基本用語

コール・オプション	将来の一定期日（または一定期間内）に、あらかじめ定められた価格で証券・商品などを買うことができる権利
プット・オプション	将来の一定期日（または一定期間内）に、あらかじめ定められた価格で証券・商品などを売ることができる権利
権利行使価格	オプション契約の中であらかじめ定められた売買価格
権利行使期間	オプションを行使できる期間
原資産	オプションの対象となる基礎の証券・商品
オプション・プレミアム	オプションの価格
ヨーロピアン・オプション	オプションの買手が、満期日にのみ権利を行使することができるオプション
アメリカン・オプション	オプションの買手が、満期日以前であれば、いつでも自由に権利を行使することができるオプション
ペイオフ・ダイアグラム	株価などの変動に伴う損益を図に表したもの
オプション・バイヤー	オプションの買手（ロング・ポジション）のこと
オプション・ライター	オプションの売手（ショート・ポジション）のこと

　オプション取引は、実質的には一種の保険とみなすことも可能です。というのは、例えば、現在100円の株式をもっている投資家が権利行使価格100円のプット・オプション（売る権利）を購入すれば、将来株価が上昇したときには値上がり益を確保しつつ、株価が下落したときの損失を回避することが可能であるからです。つまり、プット・オプションの購入には、株価下落分を損失額として請求できる損害保険を購入するのと同じ効果があるわけです。

74 コール・オプションのペイオフ

　コール・オプション（買う権利）のペイオフを例証しましょう。A社の株式を空売りする現在時点の株価は100円で、1カ月後は120円に値上がりするか、80円に値下がりするか、のいずれかだとします。A社の株式を空売りしたのちに、値上がりのリスクをヘッジしたい人が、「権利行使価格100円、権利行使期間1カ月のコール・オプション」を買ったとします。これは、この人が「1カ月後に100円で、A社の株式を買う権利」を手に入れたことを意味しています。

　右ページの図の太線はゼロの「オプション料」のペイオフ・ダイアグラム、細線はプラスの「オプション料」のペイオフ・ダイアグラムをそれぞれ表しています。

　オプション料ゼロのケース（太線）で、コール・オプションのペイオフを説明しましょう。A社の株価が、1カ月後に80円になると、A社の株式は市場で80円で買うことができるので、オプションを行使する意味がなくなり、「権利行使価格100円のコール・オプション（買う権利）」の価値はゼロになります。100円で空売りしているので、つまり市場から80円で買い、100円で売ることができるので、100−80＝20円の含み益が発生します。一方、1カ月後に120円になると、オプションを行使する意味が生まれ、「権利行使価格100円のコール・オプション（買う権利）」の価値は、120−100＝20円になります。というのは、A社の株式をコール・オプション（買う権利）を行使して100円で買い、市場で120円で売ると、差額20円を儲けることができるからです。100円で空売りしているので、つまり市場から120円で買い、100円で売らざるを得ないので、100−120＝−20円の含み損が発生します。20円の儲けと−20円の含み損を合計するとペイオフはゼロになります。つまり、コール・オプション（買う権利）を買うことによって、空売りしているA社株価の値上がりのリスクをヘッジすることができます。

現在	1 カ月後				
株価	株価	100円での空売りによる含み損益	オプション行使	オプション行使の利益	合計
100	120	−20	する	20	0
	80	20	しない	0	20

コール買いのペイオフ・ダイアグラム

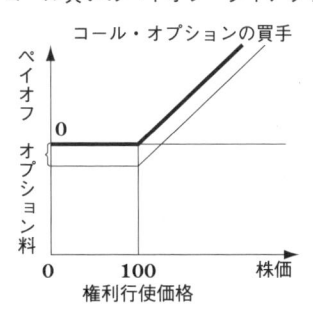

コール売りのペイオフ・ダイアグラム

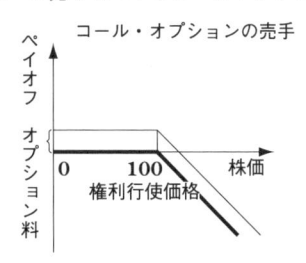

【知っておきましょう】 オプションの「ペイオフ・ダイアグラム」

　オプションの分析を行う上で欠かせないのが、オプションの「ペイオフ・ダイアグラム」と呼ばれている図です。それは、株価の変動（例えば、1カ月後の120円への値上がり、80円への値下がり）に伴うオプションの損益を図に表したものです。

75 プット・オプションのペイオフ

　プット・オプション（売る権利）のペイオフを例証しましょう。A社の株式を購入する現在時点の株価は100円で、1カ月後は120円に値上がりするか、80円に値下がりするか、のいずれかだとします。A社の株式を購入したのちに、値下がりのリスクをヘッジしたい人が、「権利行使価格100円、権利行使期間1カ月のプット・オプション」を買ったとします。これは、この人が「1カ月後に100円で、A社の株式を売る権利」を手に入れたことを意味しています。

　右ページの図の太線はゼロの「オプション料」のペイオフ・ダイアグラム、細線はプラスの「オプション料」のペイオフ・ダイアグラムをそれぞれ表しています。

　オプション料ゼロのケース（太線）で、プット・オプションのペイオフを説明しましょう。A社の株価が、1カ月後に120円になると、A社の株式は市場で120円で売ることができるので、オプションを行使する意味がなくなり、「権利行使価格100円のプット・オプション（売る権利）」の価値はゼロになります。100円で購入した保有株式には、120－100＝20円の含み益が発生します。一方、1カ月後に80円になると、オプションを行使する意味が生まれ、「権利行使価格100円のプット・オプション（売る権利）」の価値は、100－80＝20円になります。というのは、A社の株式を市場で80円で買い、プット・オプション（売る権利）を行使して100円で売ると、差額20円を儲けることができるからです。100円で購入した保有株式には、80－100＝－20円の含み損が発生します。20円の儲けと－20円の含み損を合計するとペイオフはゼロになります。つまり、プット・オプション（売る権利）を買うことによって、保有しているA社株価の値下がりのリスクをヘッジすることができます。

現在	1カ月後				
株価	株価	100円で購入した保有株式の含み損益	オプション行使	オプション行使の利益	合計
100	120	20	しない	0	20
	80	−20	する	20	0

プット買いのペイオフ・ダイアグラム

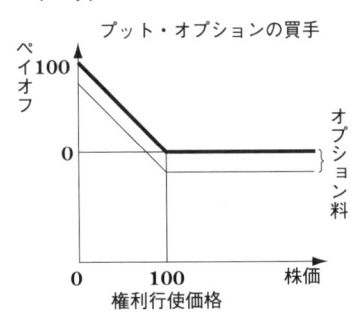

プット・オプションの買手

プット売りのペイオフ・ダイアグラム

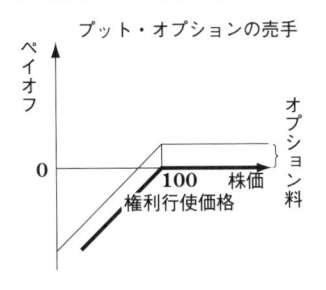

プット・オプションの売手

76 プット・コール・パリティ

ヨーロピアン・オプションで配当の支払いがない場合には、コール・プレミアムとプット・プレミアムの間には、「プット・コール・パリティ」と呼ばれている関係式が成立します。

C = コール・プレミアム
P = プット・プレミアム
K = 権利行使価格
S = 現在の株価
S_t = 満期日の株価
t = 満期日までの残存期間
r = リスクフリー・レート

とします。権利行使価格が同一のコールとプットを使って、「原株1単位買い、コール1単位売り、プット1単位買い、満期日に権利行使価格を返済する借入」といったポートフォリオを作ります。このポートフォリオは、満期日に $S_t > K$ であろうが $S_t \leq K$ であろうが、キャッシュフローはゼロであり、裁定機会がないとすれば、現在のキャッシュフローもゼロになるはずです。

$$-S+C-P+\frac{K}{(1+r)^t}=0$$

つまり、

$$C = S+P-\frac{K}{(1+r)^t} \quad (\text{プット・コール・パリティ})$$

です。

「プット・コール・パリティ」 $C = S+P-\frac{K}{(1+r)^t}$ を使って合成証券を作ることができます。$C = S+P-\frac{K}{(1+r)^t}$ は、

　　　コールの買い＝原株の買い＋プットの買い＋借入

を表していますが、「原株の買い＋プットの買い＋借入」は合成コール、すなわちコールを買った場合と同じポジションを作ることができることを意味しています。

第16章 オプション取引

（A）コールの買い＋無リスク資産

（B）プットの買い＋株式現物購入

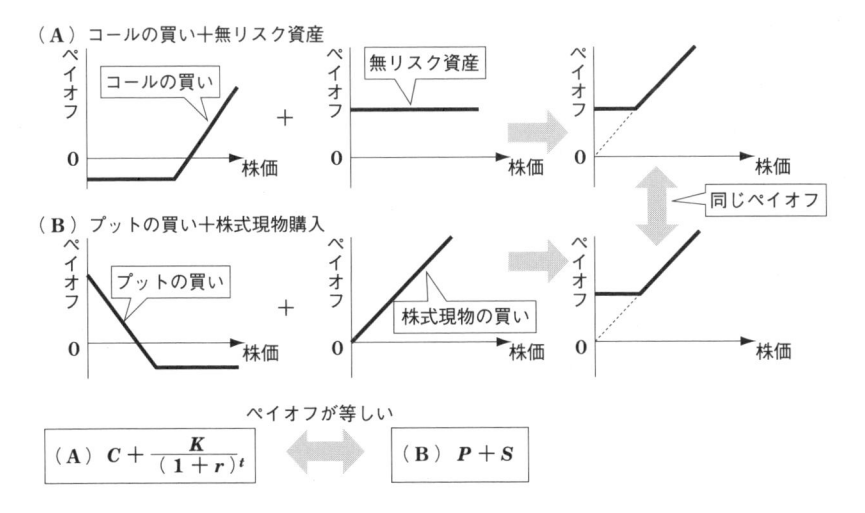

同じペイオフ

ペイオフが等しい

$$(A)\ C + \frac{K}{(1+r)^t} \quad \Longleftrightarrow \quad (B)\ P + S$$

77 オプションの価値：本源的価値と時間価値

オプションの価値は本源的価値と時間価値からなっています。つまり、

　　オプションの価値 ＝ 本源的価値＋時間価値

です。オプションの本源的価値は、原資産価格と権利行使価格との差額、つまり現時点で権利行使を行ったときに得られる価値（利益）のことです。原資産価格が権利行使価格を上回っている場合は、その差額がコール・オプションの本源的価値となり、このときプット・オプションの本源的価値はゼロです。逆に、原資産価格が権利行使価格を下回っている場合は、その差額がプット・オプションの本源的価値となり、このときコール・オプションの本源的価値はゼロです。

【知っておきましょう】　　ITM, OTM, ATM

　本源的価値がプラスである（権利行使すれば利益が生じる）状態は「イン・ザ・マネー」（ITM：In The Money）、本源的価値がゼロ（権利行使すれば損失が生じる）状態は「アウト・オブ・ザ・マネー」（OTM：Out of The Money）とそれぞれ呼ばれています。そして、「原資産価格＝権利行使価格」である状態は「アット・ザ・マネー」（ATM：At The Money）と呼ばれています。

　満期日のオプションの価値はつねに本源的価値を上回っていて、この差がオプションの「時間価値」です。オプションの買手にとって、原資産価格が権利行使期間中に有利な方向に変化すれば利益を得ることができますが、逆に不利な方向に変化したときには、オプションを放棄すれば損失を免れることができます。このように、オプションから期待される損益が将来の原資産価格の変化に対して非対称的になっていることから、オプションに時間価値が発生します。

　オプションの時間価値は満期日までの原資産価格の不確実性に対する価値であり、原資産価格の不確実性が大きくなればなるほど、高まります。例えば、コールの場合、原資産価格≦権利行使価格であれば、本源的価値はゼロですが、満期日までの時間（権利行使期間）が長ければ長いほど、原資産価格が上昇して、原資産価格＞権利行使価格となる可能性は残っており、時間価値は大きくなります。また、原資産価格の振れ（ボラティリティ）が大きければ大きいほど時間価値は大きくなります。

ITM, OTM, ATM

	ITM	ATM	OTM
コール	$S_t > K$	$S_t = K$	$S_t < K$
プット	$S_t < K$	$S_t = K$	$S_t > K$

S ＝原資産価格
K ＝権利行使価格

ITM, OTM, ATM

	ITM	ATM	OTM
本源的価値	＋	0	0
時間価値	＋	最大	＋

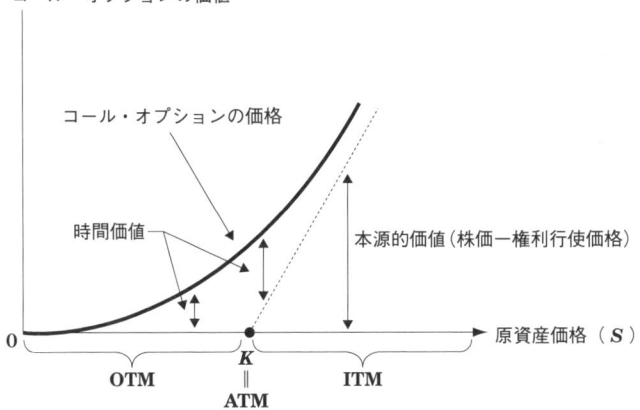

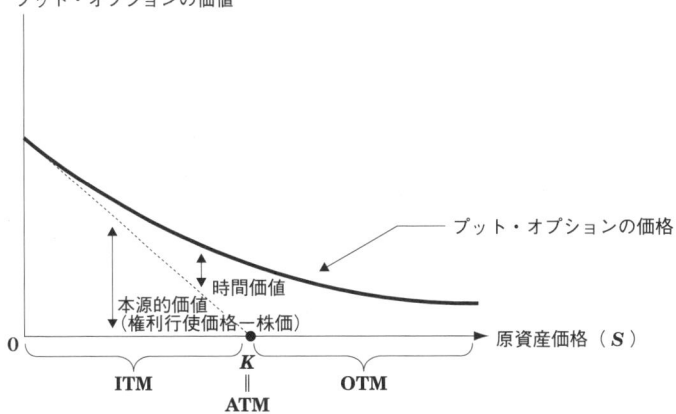

コール・オプションの価値

コール・オプションの価格
時間価値
本源的価値（株価－権利行使価格）

原資産価格（S）

OTM　K　ITM
　　　‖
　　　ATM

プット・オプションの価値

プット・オプションの価格
時間価値
本源的価値
（権利行使価格－株価）

原資産価格（S）

ITM　K　OTM
　　　‖
　　　ATM

78 オプションの価値の決定要因

$S =$ 現在の株価
$K =$ 権利行使価格
$C =$ 現在のコール・プレミアム
$P =$ 現在のプット・プレミアム
$r =$ リスクフリー・レート
$t =$ 満期までの期間（年間ベース：3カ月であれば、0.25年）
$\sigma =$ 株式収益率のボラティリティ（年間ベースの標準偏差）
$N(d) =$ 標準正規分布の累積密度関数
$N'(d) =$ 標準正規分布の密度関数

とします。ブラック＝ショールズ・モデルの仮定は、次のとおりです。
① 株式の配当はゼロです。
② 税金、取引費用はありません。
③ 株価の変化は幾何ブラウン運動に従い、一定期間後の株価は対数正規分布にしたがっています。
④ 株価変化率の分散は時間にわたって不変です。
⑤ 証券市場は完全であり、無リスクの裁定機会は存在しません。
⑥ 株式の売買は連続的に行われます。

ヨーロピアン・コール、ヨーロピアン・プットのオプション理論価格はそれぞれ、

$$C = SN(d_1) - Ke^{-rt}N(d_2)$$
$$P = -SN(-d_1) + Ke^{-rt}N(-d_2)$$

です。ただし、

$$d_1 = \frac{\ln\frac{S}{K} + \left(r + \frac{\sigma^2}{2}\right)t}{\sigma\sqrt{t}}$$

$$d_2 = \frac{\ln\frac{S}{K} + \left(r - \frac{\sigma^2}{2}\right)t}{\sigma\sqrt{t}}$$
$$= d_1 - \sigma\sqrt{t}$$

オプション・プレミアム（オプションの価値）の決定要因

要因	コール・オプション	プット・オプション
原資産価格（S）上昇	↑	↓
権利行使価格（K）上昇	↓	↑
無リスク金利（r）上昇	↑	↓
満期日までの残存期間（t）上昇	↑	↑
原資産のボラティリティ（σ）上昇	↑	↑
配当（株式オプションの場合）上昇	↓	↑

（注）↑：オプション価格上昇、↓：オプション価格低下

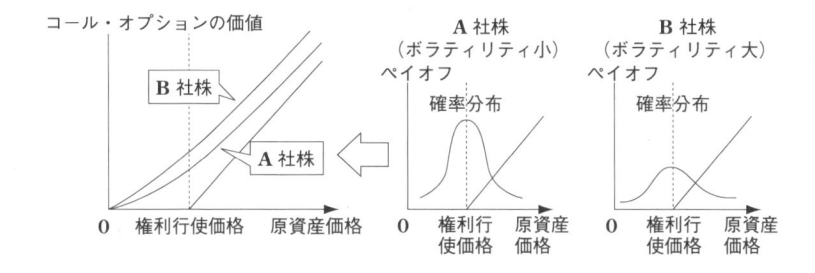

【知っておきましょう】　ボラティリティ

　ブラック＝ショールズ・モデルでは、原資産（株式）のボラティリティ（σ）以外はすべて市場で与えられています。原資産のボラティリティは、本来はオプション行使期間中のボラティリティを意味していますが、実際には、原資産の過去の価格変化率からその標準偏差を計算して代理変数として用いています。これは「ヒストリカル・ボラティリティ」と呼ばれていますが、逆に、市場で成立しているオプション価格から原資産のボラティリティを求めることができ、それは「インプライド・ボラティリティ」と呼ばれています。

付章　ファイナンス理論のための数学・統計学

79 期待値（リターン）と分散・標準偏差（リスク）

事象（サイコロの目）	1	2	3	4	5	6
確率	1/6	1/6	1/6	1/6	1/6	1/6

↓

X_i ＝確率変数（X：サイコロの目）のとりうる値
$X_1=1, X_2=2, X_3=3, X_4=4, X_5=5, X_6=6$
P_i ＝確率変数に対応した確率
$P_1=\frac{1}{6}, P_2=\frac{1}{6}, P_3=\frac{1}{6}, P_4=\frac{1}{6}, P_5=\frac{1}{6}, P_6=\frac{1}{6}$

期待値（リターン）：$E[X]$

$$E[X]=\sum_{i=1}^{n}P_iX_i=P_1X_1+P_2X_2+\cdots +P_nX_n$$
$$=\frac{1}{6}\times 1+\frac{1}{6}\times 2+\frac{1}{6}\times 3+\frac{1}{6}\times 4+\frac{1}{6}\times 5+\frac{1}{6}\times 6=3.5$$

分散・標準偏差（リスク）

サイコロの目Ⓐ	1	2	3	4	5	6
偏差Ⓑ	−2.5	−1.5	−0.5	＋0.5	＋1.5	＋2.5
偏差の二乗Ⓑ²	6.25	2.25	0.25	0.25	2.25	6.25
確率Ⓒ	1/6	1/6	1/6	1/6	1/6	1/6
Ⓑ²×Ⓒ	1.04	0.38	0.04	0.04	0.38	1.04

偏差は、サイコロの目Ⓐと期待値（3.5）の差

合計すると分散になる

分散：$V(X)=\sum_{i=1}^{n}P_i(X_i-E[X])^2$
$=P_1(X_1-E[X])^2+P_2(X_2-E[X])^2+\cdots +P_n(X_n-E[X])^2$
$=\frac{1}{6}(1-3.5)^2+\frac{1}{6}(2-3.5)^2+\frac{1}{6}(3-3.5)^2+\frac{1}{6}(4-3.5)^2$
$+\frac{1}{6}(5-3.5)^2+\frac{1}{6}(6-3.5)^2=2.92$

標準偏差：$\sigma=\sqrt{V(X)}=1.71$

80 共分散と相関係数

(1) 共分散

確率	X	Y
好景気 (0.3)	30%	10%
普通 (0.4)	20%	5%
不景気 (0.3)	−10%	0%

$$\sigma_{XY} = Cov(X, Y) = E[(X-E[X])(Y-E[Y])]$$
$$= \sum_{i=1}^{n} P_i(X_i - E[X])(Y_i - E[Y])$$

確率	$X_i - E[X]$ (X の偏差)	$Y_i - E[Y]$ (Y の偏差)	$(X_i-E[X])(Y_i-E[Y])$ X, Y の偏差の積	$P_i(X_i-E[X])(Y_i-E[Y])$ 確率 × 偏差の積
好景気 (0.3)	16%	5%	80	24
普通 (0.4)	6%	0%	0	0
不景気 (0.3)	−24%	−5%	120	36

$$\sigma_{XY} = 24 + 0 + 36 = 60$$

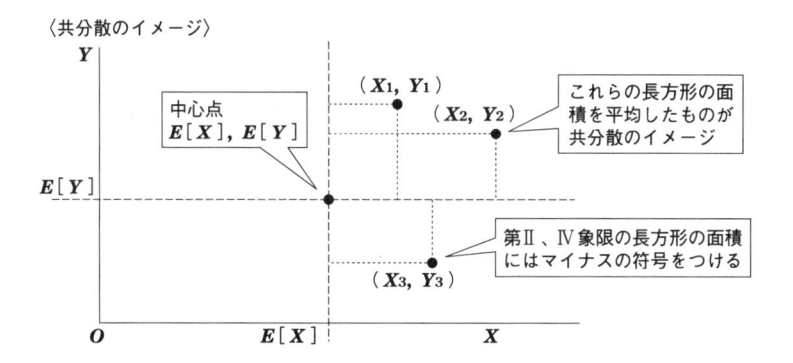

〈共分散のイメージ〉

- 中心点 $E[X], E[Y]$
- これらの長方形の面積を平均したものが共分散のイメージ
- 第Ⅱ、Ⅳ象限の長方形の面積にはマイナスの符号をつける

点: (X_1, Y_1), (X_2, Y_2), (X_3, Y_3)
軸: O, $E[X]$, $E[Y]$, X, Y

（2）相関係数

$$\rho_{XY} = \frac{\sigma_{XY}}{\sigma_X \sigma_Y}$$

〈相関係数のイメージ〉

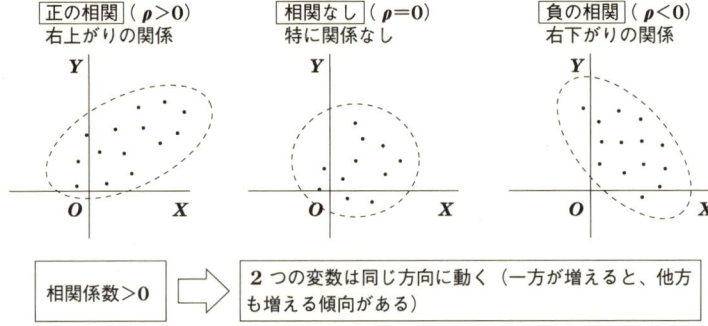

正の相関（$\rho>0$） 右上がりの関係	相関なし（$\rho=0$） 特に関係なし	負の相関（$\rho<0$） 右下がりの関係

相関係数>0	⇒	2つの変数は同じ方向に動く（一方が増えると、他方も増える傾向がある）
相関係数=0	⇒	2つの変数の動きは、お互いに無関係である（一方が増えると、他方は増えるときも減るときもある）
相関係数<0	⇒	2つの変数は反対の方向に動く（一方が増えると、他方は減る傾向がある）

$r = 1$　　　　　：正の完全相関
$0 < r < 1$　　　：正の相関
$0.7 \leqq r < 1$　　：強い正の相関
$0.4 \leqq r < 0.7$　：やや強い正の相関
$0.2 \leqq r < 0.4$　：やや正の相関
$r = 0$　　　　　：無相関（完全に独立）
$-1 < r < 0$　　：負の相関
$-0.2 < r < 0.2$　：ほとんど相関なし
$-0.4 < r \leqq -0.2$：やや負の相関
$-0.7 < r \leqq -0.4$：やや強い負の相関
$-1 < r \leqq -0.7$　：強い負の相関
$r = -1$　　　　：負の完全相関

81 正規分布と標準正規分布

（1）正規分布

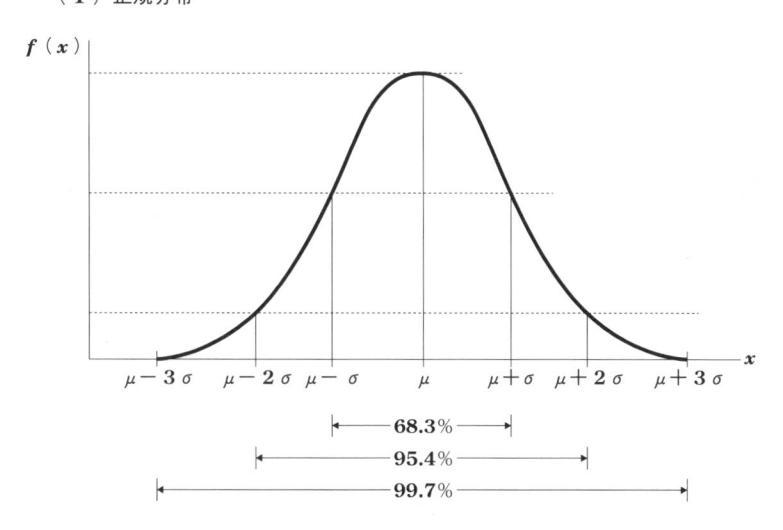

図：正規分布の確率密度関数 $f(x)$ のグラフ。横軸は x で、$\mu-3\sigma$、$\mu-2\sigma$、$\mu-\sigma$、μ、$\mu+\sigma$、$\mu+2\sigma$、$\mu+3\sigma$ の目盛がある。

- $\mu-\sigma$ から $\mu+\sigma$：68.3%
- $\mu-2\sigma$ から $\mu+2\sigma$：95.4%
- $\mu-3\sigma$ から $\mu+3\sigma$：99.7%

標準偏差（σ）は同じで期待値（μ）が異なる正規分布（$\mu_B > \mu_A$）

- 期待値（μ_A）が小さい正規分布
- 期待値（μ_B）が大きい正規分布

横軸：収益率、縦軸：確率

期待値（μ）は同じで標準偏差（σ）が異なる正規分布（$\sigma_B > \sigma_A$）

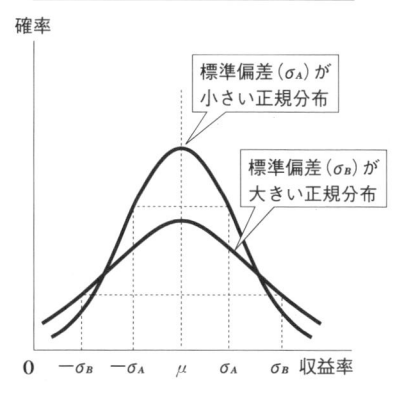

- 標準偏差（σ_A）が小さい正規分布
- 標準偏差（σ_B）が大きい正規分布

横軸：収益率（$-\sigma_B$、$-\sigma_A$、μ、σ_A、σ_B）、縦軸：確率

（2）標準正規分布

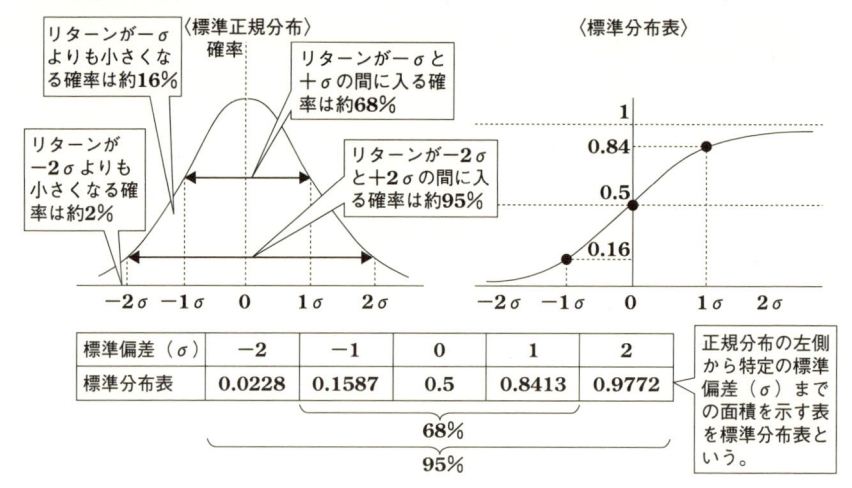

〈標準正規分布〉
確率

- リターンが$-\sigma$よりも小さくなる確率は約16%
- リターンが$-\sigma$と$+\sigma$の間に入る確率は約68%
- リターンが-2σよりも小さくなる確率は約2%
- リターンが-2σと$+2\sigma$の間に入る確率は約95%

〈標準分布表〉

標準偏差（σ）	-2	-1	0	1	2
標準分布表	0.0228	0.1587	0.5	0.8413	0.9772

68%
95%

正規分布の左側から特定の標準偏差（σ）までの面積を示す表を標準分布表という。

82 現在価値表

割引ファクター＝t 年末に受け取る 1 円の現在価値＝$\dfrac{1}{(1+r)^t}$

年数	金利（年当たり）														
	1%	2%	3%	4%	5%	6%	7%	8%	9%	10%	11%	12%	13%	14%	15%
1	0.990	0.980	0.971	0.962	0.952	0.943	0.935	0.926	0.917	0.909	0.901	0.893	0.885	0.877	0.870
2	0.980	0.961	0.943	0.925	0.907	0.890	0.873	0.857	0.842	0.826	0.812	0.797	0.783	0.769	0.756
3	0.971	0.942	0.915	0.889	0.864	0.840	0.816	0.794	0.772	0.751	0.731	0.712	0.693	0.675	0.658
4	0.961	0.924	0.888	0.855	0.823	0.792	0.763	0.735	0.708	0.683	0.659	0.636	0.613	0.592	0.572
5	0.951	0.906	0.863	0.822	0.784	0.747	0.713	0.681	0.650	0.621	0.593	0.567	0.543	0.519	0.497
6	0.942	0.888	0.837	0.790	0.746	0.705	0.666	0.630	0.596	0.564	0.535	0.507	0.480	0.456	0.432
7	0.933	0.871	0.813	0.760	0.711	0.665	0.623	0.583	0.547	0.513	0.482	0452	0.425	0.400	0.376
8	0.923	0.853	0.789	0.731	0.677	0.627	0.582	0.540	0.502	0.467	0.434	0.404	0.376	0.351	0.327
9	0.914	0.837	0.766	0.703	0.645	0.592	0.544	0.500	0.460	0.424	0.391	0.361	0.333	0.308	0.284
10	0.905	0.820	0.744	0.676	0.614	0.558	0.508	0.463	0.422	0.386	0.352	0.322	0.295	0.270	0.247
11	0.896	0.804	0.722	0.650	0.585	0.527	0.475	0.429	0.388	0.350	0.317	0.287	0.261	0.237	0.215
12	0.887	0.788	0.701	0.625	0.557	0.497	0.444	0.397	0.356	0.319	0.286	0.257	0.231	0.208	0.187
13	0.879	0.773	0.681	0.601	0.530	0.469	0.415	0.368	0.326	0.290	0.258	0.229	0.204	0.182	0.163
14	0.870	0.758	0.661	0.577	0.505	0.442	0.388	0.340	0.299	0.263	0.232	0.205	0.181	0.160	0.141
15	0.861	0.743	0.642	0.555	0.481	0.417	0.362	0.315	0.275	0.239	0.209	0.183	0.160	0.140	0.123
16	0.853	0.728	0.623	0.534	0.458	0.394	0.339	0.292	0.252	0.218	0.188	0.163	0.141	0.123	0.107
17	0.844	0.714	0.605	0.513	0.436	0.371	0.317	0.270	0.231	0.198	0.170	0.146	0.125	0.108	0.093
18	0.836	0.700	0.587	0.494	0.416	0.350	0.296	0.250	0.212	0.180	0.153	0.130	0.111	0.095	0.081
19	0.828	0.686	0.570	0.475	0.396	0.331	0.277	0.232	0.194	0.164	0.138	0.116	0.098	0.083	0.070
20	0.820	0.673	0.554	0.456	0.377	0.312	0.258	0.215	0.178	0.149	0.124	0.104	0.087	0.073	0.061
25	0.780	0.610	0.478	0.375	0.295	0.233	0.184	0.146	0.116	0.092	0.074	0.059	0.047	0.038	0.030
30	0.742	0.552	0.412	0.308	0.231	0.174	0.131	0.099	0.075	0.057	0.044	0.033	0.026	0.020	0.015

年数	金利（年当たり）														
	16%	17%	18%	19%	20%	21%	22%	23%	24%	25%	26%	27%	28%	29%	30%
1	0.862	0.855	0.847	0.840	0.833	0.826	0.820	0.813	0.806	0.800	0.794	0.787	0.781	0.775	0.769
2	0.743	0.731	0.718	0.706	0.694	0.683	0.672	0.661	0.650	0.640	0.630	0.620	0.610	0.601	0.592
3	0.641	0.624	0.609	0.593	0.579	0.564	0.551	0.537	0.524	0.512	0.500	0.488	0.477	0.466	0.455
4	0.552	0.534	0.516	0.499	0.482	0.467	0.451	0.437	0.423	0.410	0.397	0.384	0.373	0.361	0.350
5	0.476	0.456	0.437	0.419	0.402	0.386	0.370	0.355	0.341	0.328	0.315	0.303	0.291	0.280	0.269
6	0.410	0.390	0.370	0.352	0.335	0.319	0.303	0.289	0.275	0.262	0.250	0.238	0.227	0.217	0.207
7	0.354	0.333	0.314	0.296	0.279	0.263	0.249	0.235	0.222	0.210	0.198	0.188	0.178	0.168	0.159
8	0.305	0.285	0.266	0.249	0.233	0.218	0.204	0.191	0.179	0.168	0.157	0.148	0.139	0.130	0.123
9	0.263	0.243	0.225	0.209	0.194	0.180	0.167	0.155	0.144	0.134	0.125	0.116	0.108	0.101	0.094
10	0.227	0.208	0.191	0.176	0.162	0.149	0.137	0.126	0.116	0.107	0.099	0.092	0.085	0.078	0.073
11	0.195	0.178	0.162	0.148	0.135	0.123	0.112	0.103	0.094	0.086	0.079	0.072	0.066	0.061	0.056
12	0.168	0.152	0.137	0.124	0.112	0.102	0.092	0.083	0.076	0.069	0.062	0.057	0.052	0.047	0.043
13	0.145	0.130	0.116	0.104	0.093	0.084	0.075	0.068	0.061	0.055	0.050	0.045	0.040	0.037	0.033
14	0.125	0.111	0.099	0.088	0.078	0.069	0.062	0.055	0.049	0.044	0.039	0.035	0.032	0.028	0.025
15	0.108	0.095	0.084	0.074	0.065	0.057	0.051	0.045	0.040	0.035	0.031	0.028	0.025	0.022	0.020
16	0.093	0.081	0.071	0.062	0.054	0.047	0.042	0.036	0.032	0.028	0.025	0.022	0.019	0.017	0.015
17	0.080	0.069	0.060	0.052	0.045	0.039	0.034	0.030	0.026	0.023	0.020	0.017	0.015	0.013	0.012
18	0.069	0.059	0.051	0.044	0.038	0.032	0.028	0.024	0.021	0.018	0.016	0.014	0.012	0.010	0.009
19	0.060	0.051	0.043	0.037	0.031	0.027	0.023	0.020	0.017	0.014	0.012	0.011	0.009	0.008	0.007
20	0.051	0.043	0.037	0.031	0.026	0.022	0.019	0.016	0.014	0.012	0.010	0.008	0.007	0.006	0.005
25	0.024	0.020	0.016	0.013	0.010	0.009	0.007	0.006	0.005	0.004	0.003	0.003	0.002	0.002	0.001
30	0.012	0.009	0.007	0.005	0.004	0.003	0.003	0.002	0.002	0.001	0.001	0.001	0.001	0.000	0.000

例：金利（年当たり）が 5 ％の場合、5 年後に受け取る 1 円の現在価値は0.784円である。

83 将来価値表

現在の1円の t 年後における将来価値 $= (1+r)^t$

金利（年当たり）

年数	1%	2%	3%	4%	5%	6%	7%	8%	9%	10%	11%	12%	13%	14%	15%
1	1.010	1.020	10.30	1.040	1.050	1.060	1.070	1.080	1.090	1.100	1.110	1.120	1.130	1.140	1.150
2	1.020	1.040	1.061	1.082	1.103	1.124	1.145	1.166	1.188	1.210	1.232	1.254	1.277	1.300	1.323
3	1.030	1.061	1.093	1.125	1.158	1.191	1.225	1.260	1.295	1.331	1.368	1.405	1.443	1.482	1.521
4	1.041	1.082	1.126	1.170	1.216	1.262	1.311	1.360	1.412	1.464	1.518	1.574	1.630	1.689	1.749
5	1.051	1.104	1.159	1.217	1.276	1.338	1.403	1.469	1.539	1.611	1.685	1.762	1.842	1.925	2.011
6	1.062	1.126	1.194	1.265	1.340	1.419	1.501	1.587	1.677	1.772	1.870	1.974	2.082	2.195	2.313
7	1.072	1.149	1.230	1.316	1.407	1.504	1.606	1.714	1.828	1.949	2.076	2.211	2.353	2.502	2.660
8	1.083	1.172	1.267	1.369	1.477	1.594	1.718	1.851	1.993	2.144	2.305	2.476	2.658	2.853	3.059
9	1.094	1.195	1.305	1.423	1.551	1.689	1.838	1.999	2.172	2.358	2.558	2.773	3.004	3.252	3.518
10	1.105	1.219	1.344	1.480	1.629	1.791	1.967	2.159	2.367	2.594	2.839	3.106	3.395	3.707	4.046
11	1.116	1.243	1.384	1.539	1.710	1.898	2.105	2.332	2.580	2.853	3.152	3.479	3.836	4.226	4.652
12	1.127	1.268	1.426	1.601	1.796	2.012	2.252	2.518	2.813	3.138	3.498	3.896	4.335	4.818	5.350
13	1.138	1.294	1.469	1.665	1.886	2.133	2.410	2.720	3.066	3.452	3.883	4.363	4.898	5.492	6.153
14	1.149	1.319	1.513	1.732	1.980	2.261	2.579	2.937	3.342	3.797	4.310	4.887	5.535	6.261	7.076
15	1.161	1.346	1.558	1.801	2.079	2.397	2.759	3.172	3.642	4.177	4.785	5.474	6.254	7.138	8.137
16	1.173	1.373	1.605	1.873	2.183	2.540	2.952	3.426	3.970	4.595	5.311	6.130	7.067	8.137	9.358
17	1.184	1.400	1.653	1.948	2.292	2.693	3.159	3.700	4.328	5.054	5.895	6.866	7.986	9.276	10.76
18	1.196	1.428	1.702	2.026	2.407	2.854	3.380	3.996	4.717	5.560	6.544	7.690	9.024	10.58	12.38
19	1.208	1.457	1.754	2.107	2.527	3.026	3.617	4.316	5.142	6.116	7.263	8.613	10.20	12.06	14.23
20	1.220	1.486	1.806	2.191	2.653	3.207	3.870	4.661	5.604	6.727	8.062	9.646	11.52	13.74	16.37
25	1.282	1.641	2.094	2.666	3.386	4.292	5.427	6.848	8.623	10.83	13.59	17.00	21.23	26.46	32.92
30	1.348	1.811	2.427	3.243	4.322	5.743	7.612	10.06	13.27	17.45	22.89	29.96	39.12	50.95	66.21

金利（年当たり）

年数	16%	17%	18%	19%	20%	21%	22%	23%	24%	25%	26%	27%	28%	29%	30%
1	1.160	1.170	1.180	1.190	1.200	1.210	1.220	1.230	1.240	1.250	1.260	1.270	1.280	1.290	1.300
2	1.346	1.369	1.392	1.416	1.440	1.464	1.488	1.513	1.538	1.563	1.588	1.613	1.638	1.664	1.690
3	1.561	1.602	1.643	1.685	1.728	1.772	1.816	1.861	1.907	1.953	2.000	2.048	2.097	2.147	2.197
4	1.811	1.874	1.939	2.005	2.074	2.144	2.215	2.289	2.364	2.441	2.520	2.601	2.684	2.769	2.856
5	2.100	2.192	2.288	2.386	2.488	2.594	2.703	2.815	2.932	3.052	3.176	3.304	3.436	3.572	3.713
6	2.436	2.565	2.700	2.840	2.986	3.138	3.297	3.463	3.635	3.815	4.002	4.196	4.398	4.608	4.827
7	2.826	3.001	3.185	3.379	3.583	3.797	4.023	4.259	4.508	4.768	5.042	5.329	5.629	5.945	6.275
8	3.278	3.511	3.759	4.021	4.300	4.595	4.908	5.239	5.590	5.960	6.353	6.768	7.206	7.669	8.157
9	3.803	4.108	4.435	4.785	5.160	5.560	5.987	6.444	6.931	7.451	8.005	8.595	9.223	9.893	10.60
10	4.411	4.807	5.234	5.695	6.192	6.727	7.305	7.926	8.594	9.313	10.09	10.92	11.81	12.76	13.79
11	5.117	5.624	6.176	6.777	7.430	8.140	8.912	9.749	10.66	11.64	12.71	13.86	15.11	16.46	17.92
12	5.936	6.580	7.288	8.064	8.916	9.850	10.87	11.99	13.21	14.55	16.01	17.61	19.34	21.24	23.30
13	6.886	7.699	8.599	9.596	10.70	11.92	13.26	14.75	16.39	18.19	20.18	22.36	24.76	27.39	30.29
14	7.988	9.007	10.15	11.42	12.84	14.42	16.18	18.14	20.32	22.74	25.42	28.40	31.69	35.34	39.37
15	9.266	10.54	11.97	13.59	15.41	17.45	19.74	22.31	25.20	28.42	32.03	36.06	40.56	45.59	51.19
16	10.75	12.33	14.13	16.17	18.49	21.11	24.09	27.45	31.24	35.53	40.36	45.80	51.92	58.81	66.54
17	12.47	14.43	16.67	19.24	22.19	25.55	29.38	33.76	38.74	44.41	50.85	.58.17	66.46	75.86	85.50
18	14.46	16.88	19.67	22.90	26.62	30.91	35.85	41.52	48.04	55.51	64.07	73.87	85.07	97.86	112.5
19	16.78	19.75	23.21	27.25	31.95	37.40	43.74	51.07	59.57	69.39	80.73	93.81	108.9	126.2	146.2
20	19.46	23.11	27.39	32.43	38.34	45.26	53.36	62.82	73.86	86.74	101.7	119.1	139.4	162.9	190.0
25	40.87	50.66	62.67	77.39	95.40	117.4	144.2	176.9	216.5	264.7	323.0	393.6	478.9	581.6	705.6
30	85.85	111.1	143.4	184.7	237.4	304.5	389.8	497.9	634.8	807.8	1026	1301	1646	2078	2620

例：金利（年当たり）が5%の場合、現在の1円は5年後に1.276円の価値になる。

84 年金原価表

年金原価 ＝ t 年間にわたり年間 1 円受給される年金の現在価値 ＝ $\frac{1}{r}\left\{1-\frac{1}{(1+r)^t}\right\}$

金利（年当たり）

年数	1%	2%	3%	4%	5%	6%	7%	8%	9%	10%	11%	12%	13%	14%	15%
1	0.990	0.980	0.971	0.962	0.952	0.943	0.935	0.926	0.917	0.909	0.901	0.893	0.885	0.877	0.870
2	1.970	1.942	1.913	1.886	1.859	1.833	1.808	1.783	1.759	1.736	1.713	1.690	1.668	1.647	1.626
3	2.941	2.884	2.829	2.775	2.723	2.673	2.624	2.577	2.531	2.487	2.444	2.402	2.361	2.322	2.283
4	3.902	3.808	3.717	3.630	3.546	3.465	3.387	3.312	3.240	3.170	3.102	3.037	2.974	2.914	2.855
5	4.853	4.713	4.580	4.452	4.329	4.212	4.100	3.993	3.890	3.791	3.696	3.605	3.517	3.433	3.352
6	5.795	5.601	5.417	5.242	5.076	4.917	4.767	4.623	4.486	4.355	4.231	4.111	3.998	3.889	3.784
7	6.728	6.472	6.230	6.002	5.786	5.582	5.389	5.206	5.033	4.868	4.712	4.564	4.423	4.288	4.160
8	7.652	7.325	7.020	6.733	6.463	6.210	5.971	5.747	5.535	5.335	5.146	4.968	4.799	4.639	4.487
9	8.566	8.162	7.786	7.435	7.108	6.802	6.515	6.247	5.995	5.759	5.537	5.328	5.132	4.946	4.772
10	9.471	8.983	8.530	8.111	7.722	7.360	7.024	6.710	6.418	6.145	5.889	5.650	5.426	5.216	5.019
11	10.37	9.787	9.253	8.760	8.306	7.887	7.499	7.139	6.805	6.495	6.207	5.938	5.687	5.453	5.234
12	11.26	10.58	9.954	9.385	8.863	8.384	7.943	7.536	7.161	6.814	6.492	6.194	5.918	5.660	5.421
13	12.13	11.35	10.63	9.986	9.394	8.853	8.358	7.904	7.487	7.103	6.750	6.424	6.122	5.842	5.583
14	13.00	12.11	11.30	10.56	9.899	9.295	8.745	8.244	7.786	7.367	6.982	6.628	6.302	6.002	5.724
15	13.87	12.85	11.94	11.12	10.38	9.712	9.108	8.559	8.061	7.606	7.191	6.811	6.462	6.142	5.847
16	14.72	13.58	12.56	11.65	10.84	10.11	9.447	8.851	8.313	7.824	7.379	6.974	6.604	6.265	5.954
17	15.56	14.29	13.17	12.17	11.27	10.48	9.763	9.122	8.544	8.022	7.549	7.120	6.729	6.373	6.047
18	16.40	14.99	13.75	12.66	11.69	10.83	10.06	9.372	8.756	8.201	7.702	7.250	6.840	6.467	6.128
19	17.23	15.68	14.32	13.13	12.09	11.16	10.34	9.604	8.950	8.365	7.839	7.366	6.938	6.550	6.198
20	18.05	16.35	14.88	13.59	12.46	11.47	10.59	9.818	9.129	8.514	7.963	7.469	7.025	6.623	6.259
25	22.02	19.52	17.41	15.62	14.09	12.78	11.65	10.67	9.823	9.077	8.422	7.843	7.330	6.873	6.464
30	25.81	22.40	19.60	17.29	15.37	13.76	12.41	11.26	10.27	9.427	8.694	8.055	7.496	7.003	6.566

金利（年当たり）

年数	16%	17%	18%	19%	20%	21%	22%	23%	24%	25%	26%	27%	28%	29%	30%
1	0.862	0.855	0.847	0.840	0.833	0.826	0.820	0.813	0.806	0.800	0.794	0.787	0.781	0.755	0.769
2	1.605	1.585	1.566	1.547	1.528	1.509	1.492	1.474	1.457	1.440	1.424	1.407	1.392	1.376	1.361
3	2.246	2.210	2.174	2.140	2.106	2.074	2.042	2.011	1.981	1.952	1.923	1.896	1.868	1.842	1.816
4	2.798	2.743	2.690	2.639	2.589	2.540	2.494	2.448	2.404	2.362	2.320	2.280	2.241	2.203	2.166
5	3.274	3.199	3.127	3.058	2.991	2.926	2.864	2.803	2.745	2.689	2.635	2.583	2.532	2.483	2.436
6	3.685	3.589	3.498	3.410	3.326	3.245	3.167	3.092	3.020	2.951	2.885	2.821	2.759	2.700	2.643
7	4.039	3.922	3.812	3.706	3.605	3.508	3.416	3.327	3.242	3.161	3.083	3.009	2.937	2.868	2.802
8	4.344	4.207	4.078	3.954	3.837	3.726	3.619	3.518	3.421	3.329	3.241	3.156	3.076	2.999	2.925
9	4.607	4.451	4.303	4.163	4.031	3.905	3.786	3.673	3.566	3.463	3.366	3.273	3.184	3.100	3.019
10	4.833	4.659	4.494	4.339	4.192	4.054	3.923	3.799	3.682	3.571	3.465	3.364	3.269	3.178	3.092
11	5.029	4.836	4.656	4.486	4.327	4.177	4.035	3.902	3.776	3.656	3.543	3.437	3.335	3.239	3.147
12	5.197	4.988	4.793	6.611	4.439	4.278	4.127	3.985	3.851	3.725	3.606	3.493	3.387	3.286	3.190
13	5.342	5.118	4.910	4.715	4.533	4.362	4.203	4.053	3.912	3.780	3.656	3.538	3.427	3.322	3.223
14	5.468	5.229	5.008	4.802	4.611	4.432	4.265	4.108	3.962	3.824	3.695	3.573	3.459	3.351	3.249
15	5.575	5.324	5.092	4.876	4.675	4.489	4.315	4.153	4.001	3.859	3.726	3.601	3.483	3.373	3.268
16	5.668	5.405	5.162	4.938	4.730	4.536	4.357	4.189	4.033	3.887	3.751	3.623	3.503	3.390	3.283
17	5.749	5.475	5.222	4.990	4.775	4.576	4.391	4.219	4.059	3.910	3.771	3.640	3.518	3.403	3.295
18	5.818	5.534	5.273	5.033	4.812	4.608	4.419	4.243	4.080	3.928	3.786	3.654	3.529	3.413	3.304
19	5.877	5.584	5.316	5.070	4.843	4.635	4.442	4.263	4.097	3.942	3.799	3.664	3.539	3.421	3.311
20	5.929	5.628	5.353	5.101	4.870	4.657	4.460	4.279	4.110	3.954	3.808	3.673	3.546	3.427	3.316
25	6.067	5.766	4.467	5.195	4.948	4.721	4.514	4.323	4.147	3.985	3.834	3.694	3.564	3.442	3.329
30	6.177	5.829	5.517	5.235	4.979	4.746	4.534	4.339	4.160	3.995	3.842	3.701	3.569	3.447	3.332

例：金利（年当たり）が 5 ％の場合、 5 年間にわたり年間 1 円が受給される年金の現在価値は4,329円である。

参考文献

滝川好夫『金融に強くなる日経新聞の読み方』PHP 研究所、2001年7月。
滝川好夫『入門　新しい金融論』日本評論社、2002年12月。
滝川好夫『やさしい金融システム論』日本評論社、2004年9月。
滝川好夫『ファイナンス論の楽々問題演習』税務経理協会、2005年4月。
滝川好夫『「大買収時代」のファイナンス入門』日本評論社、2005年6月。
滝川好夫『ファイナンス理論【入門】』PHP 研究所、2005年7月。
滝川好夫『金融モデル実用の基礎：EXCEL で学ぶファイナンス4』(共著) 金融財政事情研究会、2006年10月。
山澤光太郎『ビジネスマンのためのファイナンス入門』東洋経済新報社、2004年3月。

(付記)

　本書作成、とりわけ項目 6〜10, 27, 36, 39, 40, 42, 43, 45, 48, 49, 51〜53, 56〜60, 65〜67, 69〜73, 76〜84の図表作成においては、山澤光太郎『ビジネスマンのためのファイナンス入門』(東洋経済新報社、2004年3月)の図表を大いに参考にしています。

著者紹介

滝川好夫（たきがわ・よしお）
1953年　兵庫県に生まれる。
1978年　神戸大学大学院経済学研究科博士前期課程修了。
1980〜82年　アメリカ合衆国エール大学大学院。
1993〜94年　カナダブリティッシュ・コロンビア大学客員研究員。
現　在　神戸大学大学院経済学研究科教授（金融経済論、金融機構論）。

主著
『現代金融経済論の基本問題－貨幣・信用の作用と銀行の役割－』勁草書房、1997年7月。
『金融論の要点整理』税務経理協会、1999年11月。
『金融マン&ウーマンのための金融・経済のよくわかるブック』税務経理協会、2001年1月。
『金融に強くなる日経新聞の読み方』PHP研究所、2001年7月。
『経済記事の要点がスラスラ読める「経済図表・用語」早わかり』PHP文庫、2002年12月。
『入門　新しい金融論』日本評論社、2002年12月。
『ケインズなら日本経済をどう再生する』税務経理協会、2003年6月。
『あえて「郵政民営化」に反対する』日本評論社、2004年4月。
『やさしい金融システム論』日本評論社、2004年9月。
『ファイナンス論の楽々問題演習』税務経理協会、2005年4月。
『「大買収時代」のファイナンス入門』日本評論社、2005年6月。
『ファイナンス理論【入門】』PHP研究所、2005年7月。
『自己責任時代のマネー学入門』日本評論社、2005年9月。
『郵政民営化の金融社会学』日本評論社、2006年2月。
『金融モデル実用の基礎：EXCELで学ぶファイナンス4』（共著）金融財政事情研究会、2006年10月。
『リレーションシップ・バンキングの経済分析』税務経理協会、2007年2月。
『金融論の楽々問題演習』税務経理協会、2007年3月。

チャートでわかる　入門ファイナンス理論

2007年4月15日／第1版第1刷発行

著　者／滝川好夫
発行者／林　克行
発行所／株式会社日本評論社
　　　〒170-8474　東京都豊島区南大塚3-12-4　電話03(3987)8621(販売)　振替00100-3-16
　　　　　　　　　　　　　　　　　　　　　　　　03(3987)8595(編集)

Ⓒ 2007　Y. Takigawa
印刷／精文堂印刷株式会社
製本／精光堂
装幀／林　健造
Printed in Japan
ISBN 978-4-535-55528-0

やさしい金融システム論

滝川好夫【著】　　　　◆3360円　A5判　4-535-55406-4

日本の金融システムを、金融の消費者（家計）の視点から展望し、消費者教育の立場から書かれた、これまでにない新鮮なテキスト。

入門 新しい金融論

滝川好夫【著】　　　　◆3045円　A5判　4-535-55316-5

新聞記事を読み解きながら、日本の金融の現実の姿や金融理論を無理なく学習できるように構成。豊富な「問題」で公務員・資格試験対策にも。

「大買収時代」のファイナンス入門
──ライブドア vs. フジテレビに学ぶ

滝川好夫【著】　　　　◆1995円　A5判　4-535-55460-9

ライブドアとフジテレビの「戦い」は、ファイナンスの身近で生きた教材である。企業財務とM＆Aの基礎知識をここから学ぼう！

ファイナンス理論の新展開
──価格変動の謎を探る

真壁昭夫・久保田幸長【著】　◆2940円　A5判　4-535-55496-X

金融市場・為替市場の価格変動はどのように生じるのか。豊富な市場業務の経験に基づきつつ最先端の理論を紹介。実務家にも有益。

金融パーソンのための証券ハンドブック

可児　滋【著】　　　　◆3360円　菊判　4-535-55419-6

証券のリスクとリターンの関係等の基礎理論から分散投資理論、アノマリー、ポートフォリオマネジメント、投資信託、デリバティブ、証券化等まで詳解。

金融ビジネス論
──お金の不思議から業界再編の行方まで

富樫直記【著】　　　　◆1785円　四六判　4-535-55422-6

金融ビジネスは他のビジネスとどこが違うか。金融機関の大合併や郵貯民営化など旬の話題も取り込みながら解説する型破りな入門書。

日本評論社　　　　　　　　　　　　　　＊価税込